蕭亮◎著

哈佛大學商管博士獨創

六步深度思考養成法

幫助你建構強大邏輯腦，
毫不費力判斷虛實，作出精準決策，
破解99%思考困局

不管是工作職場還是生活，要做各項決定前，我們都離不開「思考」。
如何才能正確、深入地思考，如何讓邏輯無誤，這都需要練習。
本書作者哈佛大學商管博士，運用其思維培訓專業，
提出其獨創「六步深度思考養成法」，一步步教你建立精準邏輯思考路徑，
從此辨清事物虛實，問對問題、做對事情，智慧進階，人生一片光明！

【作者序】我們總以為自己在思考

本書的主題從「蕭亮的思考」開始。假如蕭亮在五年內對自己的生活狀態記錄了五千次，平均每天三次，每次他都活蹦亂跳，而在統計學上，五千個樣本是很完備的資料，足可說明蕭亮永遠都能活蹦亂跳。

那麼，他可以欣喜地說：「我獲得了永生。」但，這是一個多麼荒謬的結論。

蕭亮的情況和他鄰居養的母雞貝利有些類似。作為一隻嬌生慣養了兩年的母雞，貝利一直養尊處優，主人每天給牠送飯，為牠打掃雞舍，而牠只需定期施捨主人幾個雞蛋。於是牠望著主人想道：「人類是雞的奴隸。」時間來到第七百三十一天，主人的手又伸進了雞舍，把牠揪了出去。

兩小時後，貝利成了餐桌上的一道菜。

「蕭亮不會死」和「人類是雞的奴隸」從統計學的角度來看，都有成立的條件。雖然看起來有些荒謬，但人類的很多思考和結論都是基於這種通過統計學路徑得來的資訊形成的。統計學的發展大大提高了人們解決問題的效率，但也逐漸讓人形成了「淺思考」的思維模式，在分析資訊時總會忽視「時間尺度」，缺乏全局觀。觀察所得的資訊必須加上足夠長的時間才有助於思考，某一段時間內單純的數據統計，往往只具有統計學上的意義，很難在實際生活中幫到我們。

假如在二〇一七年三月，蕭亮從媒體上得到消息，某地區的房子突然變得很值錢；同時，與該地區基礎建設工程相關的股票也已經連續出現了幾個漲停板，專家們表示看好，身邊的人也都躍躍欲試。作為一個想通過投資獲利的人，蕭亮心裡有些猶豫，他需要做出一個決定，就像玩俄羅斯輪盤的冒險家一樣，是下注還是觀望？

在設想中，我看到蕭亮大賺了一筆，從滾沸的「油鍋」中撈出了一條「肥魚」，不到四個月，他的資產就從一百萬元飆升到五百萬元，成為讓人嫉妒的大贏家。但是，出現這個結果的前提是蕭亮接收到的資訊必須是正確的，他要從這些正確的資訊中提煉出精髓，然後還要果斷地抓住時機。然而，不得不遺憾地說，在現實生活中，市場「違背」了這些資訊，歡樂地走出了一條漂亮的拋物線。蕭亮被飢餓的「油鍋」奪走了一隻手，他試圖撈「魚」的手成了祭品。他的資產從一百萬暴跌到了負債五十萬，且只用了三十天。這個傢伙不但進行了一次愚蠢的「淺思考」，而且還進行了一次失敗的投資，因此他受到市場的懲罰也在所難免。

對於「淺思考」的表現形態，著有《黑天鵝效應》的作者塔雷伯舉過一個例子：消防員閒著沒事幹時，就會聚在一起聊天，久而久之，因聊得太多，對很多事情就形成了相同的看法，而這些看法在局外人眼中則十分荒唐可笑。他將這種情況稱為「消防隊效應」。蕭亮在做出投資決策時，顯然已經和「消防員們」聊得太久了，他們「削足適履」，互相說服，達成了「可笑的共識」。

塔雷伯認為，某些經濟學家、新聞記者和業界權威的言論是有待商榷的。因為經濟學家和業界權威以讓人信服的姿態幫助人們省去了思考的時間，人們不需要自己掘地三尺就能得到答案；而新聞記者只提供讓人興奮或憤怒的資訊。這些人的臉上都寫著一句話：我已經替你思考過了。出現這樣的情形，皆因我們正活在網際網路時代。

在媒體打造的「權威」的鼓勵下，人們做出的選擇，可能比其他任何形式的思考路徑得出的結論都要糟糕。權威論和經驗論一樣，很容易讓人們覺得得出某種觀點的自己已經思考過了，而事實上他們只是在問題的表面如蜻蜓點水般淺嘗輒止，並未深入底層。那些手握「真理」、居高臨下的傢伙就屬於這種情況。

人們習以為常的「淺思考」和本書倡導的「深度思考」是一對水火不容的冤家。深度思考是看透事物的內在規律，進行有系統且深入的思考，並做出正確決定的思維能力。它能夠排除掉80％的次要資訊，找到隱藏在事物表面下的內在邏輯，從而幫助人們做出有利於自身的決策。

本書以深度思考為核心，提出了「六步深度思考養成法」，分別是定義、抽離、辨別、篩選、設計和反饋，有系統地闡述撥開雲霧見本質的思考方法，從一團亂麻中理出頭緒，幫助讀者深入理解生活和工作中的各種問題，比如：為什麼有些辦法馬雲能想到，一般人卻不能？為什麼大部分人喜歡喋喋不休地糾纏細微末節，而置核心問題於不顧？為什麼人們的情緒總會受到無關資訊的影響，並重複做出讓自己後悔的決策？事實上，偉大人物大都是深度思考的大師，但他們用於思考的資訊在大多數時候和一般人沒什麼兩樣，差別就在於思考的工具及路徑。書中將探討如何運用深度思考建立精準簡潔的思考路徑，讓生活和工作距離智慧更近一步。

當未來的某一天，你突然比以往任何時刻都痛恨理財專家、自媒體作家、財經記者和促銷廣告時，你便獲得了一個獨立思考的機會。我也希望讀者能從書中學到一些有益於思考的技巧。

願我們都能擁有真知灼見。

目錄

目錄

content

第一章

深度思考的核心思維模式

1. 定義資訊，嚴格遵循 80/20 法則
2. 抽離，清除思考的障礙
3. 辨別，從似是而非中看到真正的問題
4. 篩選，我們想要的究竟是什麼
5. 設計，讓精準決策毫不費力
6. 反饋，用結果修正思考的偏差

深度思考的核心思維模式

1 定義資訊，嚴格遵循80╱20法則

大部分的資訊都是為了誘導你做出選擇，其本身並沒有價值。定義有價值的資訊是如此困難，因為各式各樣的資訊總是被淩亂地堆放在一起，讓人難以區分。

在職場上，面對自己的老闆，很多投機取巧的人會用冗雜、無意義的內容把自己的工作匯報填得滿滿，以顯得自己功績卓越。而在有經驗的主管面前，這種障眼法就顯得小兒科了，他們提取資訊的能力可以讓他們分辨出哪些是真實的工作成果，哪些只是花言巧語。

我參加企業家論壇時，常常會有一些困惑。很多企業家喜歡抱著自己的創業經歷不放，不厭其煩地向他人傳授自己的成功經驗。實際上，很多成功是不可複製的，如果一味聽取他人的成功經歷而不提煉有意義的內容，那只不過是在聽人家講故事而已，收穫寥寥，對自己未來的發展助益不大。

理財顧問提供給你的一疊厚厚的資料中，有太多無意義的資訊。他們依靠這些資訊對你造成干擾，甚至讓你對文件內容失去耐心。面對合約及資料時，一定要謹慎，你不需要逐字逐句去閱讀，但是在看到涉及關鍵利益的內容時要睜大眼睛，不要被那些居心不良的人騙走錢財。

在網際網路時代，我們接收資訊的方式變得多樣化，每天都會有鋪天蓋地的資訊向我們湧來，而能夠從中獲得我們需要的資訊，並把不需要的資訊拒之門外，就變得非常重要了。

獲取資訊的效率決定你能否在機會到來時抓住它的尾巴。

精確地定義問題有多難？

「定義」是養成深度思考的第一個步驟（見本書第二章）。人們看到一個事物時首先要給它下一個明確的定義，對它的屬性做出判斷，以便進行下一步的思考和行動。比如，看到一朵玫瑰，人們會想到鮮花、女人、求愛、約會、結婚；提到求職時，人們的腦海中會浮現履歷、職位、薪資、工作環境、升遷管道；購買保險時，人們想到的則是每月繳交費用、賠償金、安全性——這些詞便是定義，但這並不代表每一個關鍵字和資訊都是有價值的。

關於諸如理財、保險、房子這些產品的資訊都是「美麗動人」的，業務員會給出各式各樣的邏輯分析，以及名人代言，來證明這些產品有多麼好。在做決定的過程中，起到關鍵作用的是如何定義「保險之於自己的意義」，儘管人們總是跳開這一步。保險是一個關鍵字，圍繞這個關鍵字所產生的資訊為人們的決定提供了動機；戀愛、求職、炒股、做生意、管理公司等問題也是這樣，最關鍵的資訊可能是你沒有考慮到的自身條件和承擔風險能力。

精確地定義事物是這個世界上99%的人都無法做到的。這個數字一點都不可怕，但至少全球七十多億人口中還有七千多萬「真正的聰明人」。

在著有《非理性繁榮》的諾貝爾經濟學獎得主羅伯・席勒看來，這也有點太多了。席勒覺得從歷史的角度來看，大多數人都是「善於用馬後炮自我掩飾的蠢人」。他的話雖然有些偏激，可一點也不離譜，也有很多例子可以證明。人們大多有著過分自信、迷信權威和從眾的心態，而在需要定義一個問題時又變得極其懶惰——懶得去想。人類都有偷懶的天性，大腦更甚，這似乎是難以糾正的。

無用資訊掩人耳目

人們在聊天時80%的話都是廢話，瀏覽網站看的80%的新聞純屬浪費時間，商業合約上80%的內容和其他合約沒什麼兩樣，可以說，最重要的是剩餘的20%。

深度思考養成的第一步，就是定義對自己有用的20%的資訊，剔除無用的80%。

在定義訊息的價值時，「時間尺度」也很重要。人們每天聽到、看到的訊息有80%都已經失去時效性。例如，有人告訴你，某檔股票去年九月漲到了四十五元，那麼這個資訊在時效性上就是無用的，經不起時間尺度的丈量，因為它不能對今天的購買決策提供任何幫助，也不意味著現在以二十元買入就是抄底，下週可能就會跌到十元。一條讓人興奮的資訊最終可能讓你欲哭無淚。

綜合以上，無用資訊有以下幾個特點：

①**與需求不匹配**。比如，人們在戀愛、求職、買房時習慣性做著勉強的決定，吞下的苦水比喝下的蜜汁還要多。這是因為，多數人做決定時倚重的資訊與自己的需求並不匹配，而在經歷了一段磨合期後才發現不符合自己的預期。

②**缺乏時效性**。比如，一檔股票三十天前的價格、上一次的公務員考試題目

等。時間尺度是定義資訊一個重要的標準，一方面就像席勒說的，海水退去後才能看到誰沒有穿褲子，許多事情需要時間的檢驗；另一方面，在時效性較強的決策中，還必須分析資訊對當下的參考意義。

③**具有欺騙性**。欺騙性的資訊在生活中無處不在，每個人都活在這些資訊中。但同時，它們或多或少為人們製造了幸福和滿足的「體驗」。但是，當你要做一個影響深遠的決定時，就必須把這些資訊與真實的資訊隔離。

深度思考的核心思維模式

2 抽離，清除思考的障礙

抽離之所以讓人痛苦，是因為人的本性習慣了填充，哪怕填充的是思維垃圾。

為什麼擁有最多資料的人，也常常會做出一個最壞的決策？假如吸收資訊和堆疊資料是一個學習的過程，那麼這個過程就像一部填充的機器把外部的資訊源源不斷輸送進大腦。在學習時你會有一種充實的快感，感到自己很安全，但這不是因為學到了知識，而是因為人的本性喜歡填充，哪怕填充進來的是思維垃圾。

答案就在眼前，你卻躲在障礙後面

當人們學到了太多東西，大腦就變得古怪起來。就像一個女孩的房間琳琅滿目，她捨不得扔掉任何一樣，哪怕是最無用的一件「寶貝」。當她開始思考問題並做出決策，這種充實感卻實實在在害了她，就像我們的書房擺滿了從不會去翻一頁來看的書籍一樣。

再比如，住在舊房子裡的人很少更換家具，去那些老舊的社區參觀，進到住戶家裡，你一定也會得出這個結論。當你談起更換家具的話題，他們大多數都會表達出抗拒的態度，也有人會以「用了很多年，捨不得扔掉」這樣的說法來搪塞你。可一旦換了新房子，大部分的人都會買入全套的新家具，把原來的舊家具統統扔掉，包括牙具、毛巾等小物，而過不了多久，房子的主人大多會後悔。那麼，當時思考這個問題時發生了什麼事？

再看以下這個例子。在一家高科技公司的招聘現場，面試官出了一道讓求職者頗為頭疼的題目：

①用四條直線把九個小圓圈（見下頁）連接起來。

②連接時不能移動任何一個小圓。

③所有的連線必須一筆完成。

④在連線畫完前，筆不能離開紙面。

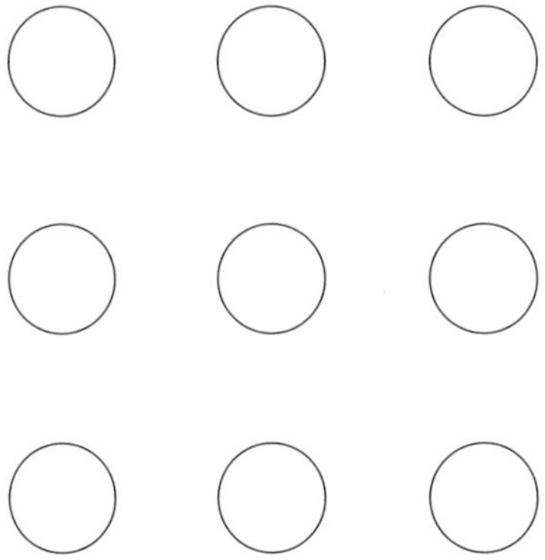

現場一片安靜，求職者眉頭緊鎖，滿面愁雲，最後全都敗下陣來。這些有著高學歷、高智商的天之驕子，竟然沒有一個人過關。

這是美國創新協會一道十分有名的題目，名為「九子圖」。如果能順利解答這個問題，那麼就證明你在思考中擁有相當優秀的「抽離」和「重新聚焦」的能力。

雖然聽著嚇人，但它的答案其實很簡單。

（解答見下頁）

每一位事後看到答案的人都大吃一驚：這種畫法很簡單，為什麼我剛才沒有想到呢？

原因就是，人們受生活中的經驗及腦海中所填充資訊的影響太大了，它們形成了一層透明的薄膜，把人阻隔在正確路徑的另一側。這層薄膜很難穿透，大多數人無法打破這道障礙，從中迅速抽離，另闢蹊徑。人們習慣了在解答和分析一

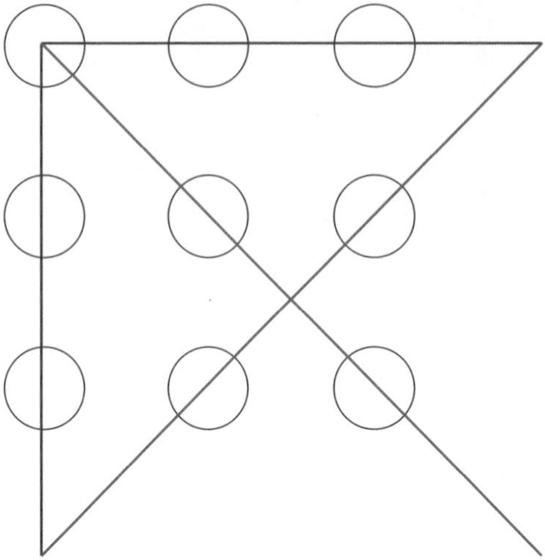

件事情時，先從記憶庫中調取過去的經驗和知識，這是一種固定的思考機制，也是淺思考的具體表現，就像電腦程式，每次需要處理問題時，這個程序就會發生作用。

調用大腦內的資訊，是人們思考時最省時省力的一條路徑，但它形成了一層薄膜。許多問題並不是無法解答，而是答案就在眼前，你卻躲在障礙的後面。

為了解出題目，求職者調用了生平學到的所有經驗，然而正是這些經驗阻擋了近在咫尺的答案。

抽離無關資訊，建立新的路徑

如果懂得抽離，事情就變得好辦多了。作為房子的主人，不論住在哪一棟房子裡，對家具的價值都應該單獨衡量（抽離），而不是把家具的價值與房子、人們的經驗混為一談（填充），導致認為家具在舊房子裡是寶貝，在新房子裡便成了垃圾。

大腦無條件地接收資訊，會使人犯錯；無關資訊越積越多，障礙就越來越厚，思維的路徑就會變得擁擠。大腦沒有紅燈，更沒有交通警察，沒辦法自主判斷哪些資訊是違法的，哪些有優先通行權，當然，我們也無法更換大腦，所以只能抽離資訊，打破障礙，對大腦定期進行清掃。

洛杉磯有一位傳奇法官，他因審判一樁離婚案件而受人矚目。當時，有一對夫妻走訴訟程序離婚，他們有一個孩子，這對夫妻都想獨佔房子分得更多財產，且都想獲得孩子的撫養權，於是他們各自請了律師，互不相讓。雙方都沒有過錯，也都不同意和解，呈上法庭的證據看起來也沒有什麼漏洞，因此成了一樁十分棘手的案子。

最後，這位法官做出了一個大膽的判決：房子和其他財產一律歸孩子所有，計入孩子名下，雙方離婚後輪流照顧小孩。

在這個故事中，法官採取了抽離的方式，剔除人們傳統的思路（忽視孩子、圍繞當事人的判決習慣），將財產歸屬的目標從當事人身上移開，把當事人從案件中抽離出來，將孩子作為重點。把財產判給孩子，這對夫妻就都沒什麼可說的了。

因此，「抽離」就是學會清空大腦的思維垃圾，抹掉舊思路，跳出平常的思維習慣，建立一條全新的路徑。這意味著人們將要對大腦進行一次徹底的「斷捨離」，遵守「放空、打破和回歸」這三個基本步驟。

深度思考的核心思維模式

3 辨別，從似是而非中看到真正的問題

任何事物都有它外在的表象，有時表面問題遮住了我們的眼睛，導致真正的問題無法被我們察覺。

有一項任務擺在你面前，為了完成任務需要做什麼？你看到任務的時候首先想到的是什麼？是困難還是路徑？是收益還是風險？一項工作的進行必然同時伴隨許多干擾性資訊，這些資訊會分散人們的注意力，讓人們一時之間察覺不到那條最便捷的路徑。但是擁有深度思考的人，往往能在最短時間內辨別訊息，發現最本質的問題。

「辨別」是培養深度思考習慣非常關鍵的一步，我們可以從日常諸多小事來進行訓練。遺憾的是，在日常工作中經常可以看到這種現象：祕書就緊要的事件匯報了半天，上司卻不得要點、不知其所云；某位員工就某件事寫了一篇文章，洋洋灑

灑幾千字，同事卻不知中心主旨是什麼，看了半天也不明白；歷史愛好者熱烈地分析了某次戰爭的攻守策略，卻不清楚這場戰爭的發動本就是錯誤的。可以說，他們的思路都被表面問題佔據，因此把時間都浪費在無效的思考上。

當問題出現時，解決問題有許多方法，其中有些收效很低，有些則十分高效。

辨別的第一步：分解與剔除無關資訊，釐清問題的主線

很多時候，人們能感受到一些無關資訊的存在，它們是人們在思考時進行辨別的對象。就大腦的工作而言，它們就像是夏天圍繞在耳邊的蚊蠅，起著「叮咬」和干擾思考的作用。

比如，在做一份「早起的時間規畫」時，多數人會想到哪些問題呢？

- 我很累，早晨可能起不來。
- 我要打遊戲、看美劇，晚上可能睡得很晚。
- 我要加班做很多工作，連幾點睡都不知道。
- 天氣太冷了，我可不想早起。
- 我習慣睡懶覺。

……

此類訊息其實與「早起計畫」毫無關係。問題的本質是：你有沒有必要早起？大腦不會欺騙你，它真的很累，所以，正確的思考模式是繞過這些影響早起的因素，直接思考和確認早起的必要性。比如問問自己：每天六點爬起來，除了在臉書發一張黎明的照片或是寫一段勵志宣言，還有其他意義嗎？這個時間點你有什麼緊迫的、必須去做的任務嗎？只有將問題的主線釐清了，才能堅定自己執行計畫的決心。

所以，直奔目標之前，先對無關資訊進行剔除，然後繞開障礙，才能直奔核心。

辨別的第二步：尋找最有效的方法，建立一條最直接的路徑

如果你要早起，最有效的方法是什麼呢？顯然不是思考怎樣戰勝那些影響計畫的因素，而是簡單明確地對自己提出要求：現在，立刻睡覺，定好鬧鐘。對，方法就是這麼簡單。找到最有效的方法，在計畫與目標之間建立一條最直接的路徑，而不是受困於其他無關因素。

二十世紀，二戰結束後，許多美軍士兵從英國回到了國內，鑒於不少美軍士兵在英國欠下過「風流債」，一位美軍士兵的太太擔心她的先生在英國有情人，很想知道自己的丈夫是否經常從郵局接收來自英國的情書，於是便花錢雇了一名私人偵探進行調查。

三個月後，偵探告訴她調查結果：她的丈夫最近沒有收到從英國任何一座城市寄來的情書，很可能他在英國沒有情人，即便有，現在也應該斷掉了聯繫。這位太太很不滿意偵探的回答，她想知道他是怎麼探聽到這個消息的，有沒有弄虛作假。

「我付給你這麼大一筆錢，你如何證明調查的準確性？」

偵探無奈地說出了真相。他只需要每天請人打電話到郵局，報出她丈夫的信箱號碼，並聲稱自己在等一封來自英國的信件，麻煩郵局職員查詢。結果，郵局每天給他的回覆都是兩個字：「沒有。」過程就是這麼簡單。事實上，往往是當事人自己將問題想複雜了，她覺得調查這件事情一定頗費心思，可只要找對了方法，問題並沒有想像的那麼複雜。

在思考問題時，要謹記一個原則：那些看起來非常複雜、資訊繁多的事情，其本質往往是很簡單的，也許一兩句話就能說清楚。本書第四章針對辨別的步驟闡述了一個宗旨：成為一個辨事效率高的人，要有火眼金睛，先學會挑選自己需要的資訊，然後簡單直接地去思考和分析問題，找到最省力的解決方案。

在現實生活中，出於對環境與問題複雜性的高估，人們很容易把一個簡單的問題與無關的資訊連起來，進行複雜化思考，結果使問題越來越複雜，解決的成本也變得越來越高。這是淺思考經常會造成的局面，其最主要的原因就是，大腦中擁有過多的知識，形成了教條式思維。知識豐富是一件好事，但有些時候經驗未必能起到正面的作用，很多時候，恰恰是豐富的知識和海量的資訊束縛了我們的頭腦，降低了我們的思考效率。

深度思考的核心思維模式

4 篩選，我們想要的究竟是什麼

有很多人自以為找到了人生目標，以為擁有的東西就是自己想要的——其實並沒有。我們如何通過篩選資訊，找到自己「真正想要的東西」？

「篩選」是一個主觀性很強的工作。人們每天都在接收新資訊、吸納新知識，這些既是思考的素材，又是思考的結果。無數資訊湧進大腦，有新的，也有舊的，你一定會從中選擇幾個，讓它們進入你的深層意識，或寫進電腦，或掛在牆上，變成一系列的關鍵字。

汽車、考研究所、生子、升職、創業、健身、買房、出國……你握了下拳頭叮囑自己，一定要完成這些夢想。但是，你明白藏在這些關鍵字後面的是什麼嗎？你遵從大腦的指示時，想過為什麼要努力奮鬥嗎？是賺錢買房、結婚、功成名就、衣錦還鄉，還是純屬「找點事做，打發無聊時光」？

當遇到這個問題時，很多人無法回答，或不想回答。他們的眼神是迷茫的，迷茫的另一個解釋是，人們對看到的、聽到的、想到的資訊缺乏篩選、組合與簡化的能力。買衣服的時候你看了一百家店，不知道該買哪一件；選填志願時你千挑萬選，夜不能寐，始終不能做出選擇；求職時你左思右想，好像哪個行業都不錯，不知該何去何從。

我曾是美國訓練與發展協會（ASTD）的培訓師，在這個行業工作了十幾年，為公司的管理者和有晉升潛質的人傳授知識。相比那些目標明確、功利心赤裸裸寫在臉上、號稱是「成功者」的人，我更喜歡和剛畢業的大學生打交道，因為他們年輕而充滿活力。年輕是這個世界上最寶貴的資本，但年輕人臉上更多的是迷茫，他們在思考問題時往往缺乏篩選與分析的能力。

當這些學生從這裡畢業時，我從他們的眼神中依然能看到迷茫。他們學到了很多知識，是考試高手，了解人類各個領域的過去，卻對自己的未來迷茫到不知所措：「我到底應該做什麼？」我告訴他們，你們會迷茫，不是因為你們學到的知識不對，是你們梳理知識的方式有誤。

近二十年來，全世界的年輕人讀了太多心靈雞湯文，心靈雞湯正在破壞他們的思考能力，它提供了一種不負責任的淺思考模式，讓人們習慣在資訊的海面上「享受」隨波逐流的生活。

心靈雞湯幫人們對生活提出了一個又一個要求，指出了一條又一條道路，卻從不告訴人們有更好的方式，也從不啟迪人們思考生活的真相。當人們處在被這些「有毒資訊」包圍的環境時，就無法激發出自己的潛能，如同被蒙上了眼睛。

美國訓練與發展協會對思維培訓有一項基本原則，要求被培訓者在諸多方案中做出自己的選擇，建立分析路徑。比如，埃克森北美公司的人事主管K接到上級的命令，要求招聘三千名石油開採工人（目標），每名工人的年薪不高於四萬八千美元（條件）。但當時北美地區石油開採工人的市場年薪是五萬六千美元，同時還要加上費用不菲的商業保險（現實）。

擺在K面前的是目標、條件與現實的衝突，他別無選擇，對上級不能講條件，只能竭力完成任務。那麼，K怎樣在求職者的要求和招聘方的目標之間取得平衡，制訂出一個最優方案呢？

在評估不同的條件後，K有了兩個方案。方案一，從南美洲招聘部分人員，那裡的工人薪資較低；方案二，從非洲招聘並培訓工人，他們的薪資需求更低。

問題是，被培訓者如何看待這些資訊，思考自己的方案？那些資訊是「他們的麻煩」——就像正閱讀本書的讀者，大家有「自己的麻煩」，大腦的加工中心資訊堆積如山，篩選這些資訊然後做出決定，終歸是自己一個人的任務。

走出思考的舒適區

有一天蕭亮心情不好，牽了一條獵狗去打獵。蕭亮一槍就打傷了一隻兔子，讓獵狗去追，獵狗去了，結果兔子跑了，而且是在受傷的情況下成功逃脫。蕭亮的心情更差了，對著獵狗一通亂罵。獵狗非常委屈：「我已經盡力了，可是兔子太狡猾，我真沒辦法。」蕭亮又不能燉了牠，只好作罷。

兔子逃回去之後，牠的夥伴聽說牠在受傷的情況下，還能從一條獵狗的追捕中安然逃脫，都覺得不可思議。「你是怎麼做到的？」兔子說：「獵狗追不到我頂多被蕭亮罵，我跑不掉的話就會被吃掉。我和獵狗遇到的是不同的問題。」

打獵場上的蕭亮雖然很倒楣，但他至少獲得了一點有益的啟示：「人」的首要問題和兔子一樣，是生存，生存是最大的目標。假如飯都吃不上，有誰會花心思讀一本文字優美的哲學書？農民和商人的人生目標截然不同，書籍作為知識載體在各自的篩選機制中的地位是不一樣的。當一個人能吃飽，不再把生存當回事時，那麼他做事也許就會像蕭亮的獵狗一樣，可能連一隻受傷的兔子都追不到，只能撿一些被打死的獵物，此時的他已成了社會的「寵物狗」，失去了勇士的拚勁兒。

大部分的人有時會像「寵物狗」一樣思考，而陷入這種選擇模式。有時候什麼都想要，有時候又什麼都看不上，最終在訊息海的風浪中迷失，思考淺嘗輒止，做出一些似是而非的選擇。

一個危機四伏的環境，會讓人的思維變得敏銳，篩選資訊的本領也會變得格外高超，他們清楚知道應該做什麼，不應該做什麼（除了個別消極的厭世主義者），他們會不斷進步，以擺脫危機。對思考來說，安逸是真正的「毒品」，會讓人們變成蕭亮家裡那隻獵狗，如果你是那隻受傷的兔子，你還會每日沉溺於微信朋友圈中，無病呻吟地感嘆嗎？

篩選是為了解決一個基本問題：你知道自己想要什麼嗎？諸如，我想要賺錢、我想要買車、我想要美容、我想要結交很多高水準的朋友等，這些回答可以說是沒有經過思考的，最多也只經過了淺思考，這些也不是本書要講的東西。人的目標應該是更深一層的——你內心最想要的東西是什麼？你有沒有一個每天都在為之思考的目標？很多人聽到這個問題都是一臉茫然，因為他們根本不知道自己想要什麼，或者說，他們根本不清楚這個問題竟然需要思考。他們也不曾認真想過自己的未來在哪裡，如何從那些「看起來都可以」的目標中選出「唯一可以」的正確答案。

在大數據共享時代，思考已經變得越來越無趣了。篩選是智能化的，打開瀏覽器，看到的是早已為你量身準備的訊息。你喜歡吃烤魚，有幾十條烤魚店廣告供你瀏覽；你關注股票，到處都是關於股票的分析文章和證券公司的優惠資訊；你正在找工作，就會看到人力銀行網站和職位的連結向你招手。智能化篩選的好處是軟體替你完成了搜集資訊、定義和抽離等幾個階段的工作，你要做的只是輕觸螢幕，選出一個看上去還不錯的答案。你不用動腦子，只需喝著咖啡，瞪大眼睛，坐在沙發上，化身成一個接收器就可以了。

一位常年待在辦公室的白領辛辛苦苦終於攢夠了首付款，準備在生活的城市買房子。當他握著手機在網路搜索了第一個和房子相關的資訊之後，十五天內，手機向他推送了幾百則房地產廣告。他終於找到一條滿意的資訊，撥通了電話，聯繫上一位房地產經紀人，拿到了這個房子的資料。同時，他還收到了其他房產的資訊。他花了二十四小時思考，對比這些房產的優劣，計算資金的缺口，順便還打了幾個電話借錢。這個月的最後一個工作日，他去看了半個小時房子，簽了購屋合約。六個月後，他突然發現自己購買的房子並沒有最初印象中的那麼好，就像戀人過了新鮮期一樣，他開始發現越來越多缺點，大樓周邊的配套沒有完善，房子位置有點偏，去購物中心的公車、捷運路線開通遙遙無期，這些與當初房地產公司的承諾大相徑庭。他感到有些後悔，可也無計可施。

做消費類的決策時，人們極易陷入淺思考模式。表面上，他們做出了一個經過慎重思考的決定，實際上，卻是在「有目的的資訊」的引導下進行了一次「思考表演」。做這類事情的時候，我喜歡放下手機，去實地考察，也許每隔兩天就去一趟，直到發現最有利或最不利的訊息為止。有時人們也會對自己的眼睛充滿懷疑，因為資訊總是動態變化的，你得爭取時間等待那個變化，才能看清你所選擇的目標是否就是自己想要的。

因為有方向，所以頂尖思考高手從不迷茫

方向是最值錢的資訊，也是一個很大的哲學問題。不管攻讀物理學位還是工商管理學位，錢是用來做生意還是買股票，本質上都是一種方向問題。人們篩選各種條件，就是為了找到方向。頂尖思考高手比一般人強大的地方，不在於他的思考技術，而是他選擇方向的能力。

有的人雖然精於篩選和計算，但方向錯了，只會錯得越來越離譜。比如精緻利

己主義者①，他們總是善於衡量利弊得失，總是把一道問題思考成利弊問題，把一個是非題思考成立場問題。如果你願意花點時間搜集資料、費點腦力，也能看穿利己主義者玩弄邏輯的詭辯把戲，以及他們表現得很像思考高手的樣子。本書並不提倡這種方式，因為思考是為了讓我們與世界的關係變得更好，而不是自我粉飾。

與利己主義者相反，有素養、有知識、有功力的人，你能從他們的身上看到什麼呢？不是經過雕琢的低調，而是堅定的方向。當你找對方向，思考的技術就不再重要，此時的你如同搭上了一艘順風船；而一旦你的方向錯了，再高明的思考技術也沒什麼用。

篩選和決定目標之前，要先把心靜下來，從容地選擇、思考與行動。不要總是依附別人的想法，也許它能幫你走得快一些，但不一定是你的路，只有找到真正屬於自己的路，你才能擺脫迷茫。

①精緻利己主義者，此說法出自北大中文系錢理群教授，指的是經過精心打扮甚至偽裝的利己主義者。

篩選「想要」的，稱量「所值」的

有一個女孩快畢業了，她是那種典型的為了工作而工作的應屆畢業生。每個城市裡都能見到許多這樣的年輕人。到了大四，同學們都在尋找工作，她感覺自己也該找份工作了，便開始投履歷。她不知道要做什麼，也不知道自己能做什麼，卻想著找一個很好的工作，最好能有一間獨立的辦公室，走到哪兒都是一個受人尊敬的白領。

好，我們暫且假設她的希望得到了滿足，但她仍然迷茫，篩選機制失靈。當她坐進辦公室感覺不到想像中的快樂，因為她是「被就業」的，而不是打從心裡想要達成一個目標去選擇職業，只是機械地去選擇一份工作，沒有「大目標」，僅僅只是為了獲得一份薪水而已。「薪水」這個目標帶不來真正長久的快樂，有人在工地搬磚的薪水一天都有好幾百塊，比她現在的薪水還要高，但她肯定不樂意去做，所以薪水不是快樂的決定因素。

篩選自己「想要」的而不是「需要」的東西，是深度思考的必修課。有一些大學畢業生剛到企業工作時會陷入一種狀態：什麼都不願做，什麼也不會做。教他，他不學，也不上心，只能完成一些最基本的工作——不需要高學歷就能完成的最簡單的事情，甚至都不需要思考，連培訓手冊不用看就能做的工作。他選擇了一個自己「需要」的目標，為了不被人嘲笑浪費時間，他跟朋友不停抱怨：「哎呀，我今天好累，又要加班了。」有的年輕人以為自己用電腦鍵入了幾組資料，編寫了幾個文件，就是為公司做出了巨大的貢獻，實現了某種價值。實際上，他們不過是做了一些基礎的工作，自己被自己輕易地感動了而已。

這種現象是淺思考模式所導致，他們只是看到了工作的表面，而沒有思考更深層次的工作內容。這些「自我感動」的年輕人如今到處都是，和隨便寫個項目方案就自以為是在創業的群體有高度的重疊——也許思考一個高深莫測的哲學命題的工作更適合他們，因為他們已經很久沒有理性地思考了。人們總是選錯目標，繼而朝著錯誤目標繼續努力，走向更大的錯誤。

5

深度思考的核心思維模式

設計，讓精準決策毫不費力

思考和正確決策之間，有時就隔著一層薄紗，但有時卻比牛郎和織女之間的距離還要遠。

本書為讀者提供了一個思考和決策的「新視角」——歸納法和思維導圖（心智圖），這是我十幾年來常用的決策方式。從搜集資料到做出決策，人們依賴比重最大的工具是什麼？怎麼判斷自己目標明確且理性地做出了一個決定呢？情緒人和理性人最大的區別又是什麼？

性格和喜好影響決策

老張每天都為公司的瑣事煩憂。早晚上下班的匯報，隔日一次四十五分鐘的部門管理階層會議，不定期到全國各城市、區域中心乃至國外出差，他的大腦不停運轉、計算、決策，久而久之，他發現有一種方式可以幫他應付這種局面，於是，他在辦公室牆上貼了一張便箋——

週一：煩，不宜出行。

週二：水瓶座宜開會。

週三：宜批示。

週四：忌簽約。

週五：宜決定大事。

週六：約會。

週日：研究投資。

細心的同事還能看到，他的便箋簡直就是萬花筒，哪天利於出行，哪天利於開會，哪天不宜做財務決定，哪天應該買股票，上面均有提示。

老張轉而用「星座」那一套來管理公司，效果似乎不錯，部門運轉有序，業務蒸蒸日上，他很高興。但如果用神祕學就可以做好這些複雜的決策，那麼之前他日夜勞神的認真思考和過去的專業累積，又有什麼價值呢？

絲毫不用懷疑，人們的性格和喜好影響思考和決策的方式，這跟結果的正確與否無關，它展示的是人們對於行為路徑不同的設計思路——有的人會說性格決定命運，有的人則相信星座推動運勢。幸運的是，他們能看到被性格和喜好所導引的結果，就像老張，他終於甩下了一個沉重的包袱，再也不用搜腸刮肚地思索、分析那些寫滿資料的工作匯報了，他只需要假裝認真地聽一聽，然後嚴格根據便箋告訴他的準則決定自己的行程、簽字和批准匯報的時間就行了。至於對錯，他現在還沒有嘗到苦果，思考「什麼才是決策」讓他頭疼，而且他對便箋沒有告訴他的問題毫無興致——本書後面的內容將會對比這兩種決策模式分別給老張帶來了多大的麻煩，還會計算老張因為已經習慣的淺思考所付出的慘痛代價。

總而言之，在解釋每個人的表現時，可以找到很多「主觀」的標籤幫他貼上，而你我又何嘗不是這麼主觀地判定日常大小事呢？寧願相信星座，也不願聽從理性的指引。科技社會創造了冗雜的訊息，每日迎面而來影響決策的因素實在太多了，人們迫切地需要幫手和心理安慰，於是決策漸漸變成了一種神祕主義，比如供在許多企業家辦公室裡的財神爺、關公，常年香火不斷，它們起了暗示和安慰的作用。

書店裡琳琅滿目的星座和管理書籍告訴讀者，這是屬於「星座家」和「管理家」並排演出的時代。我並不認為讀者能從「專門教授你思考技巧」的「專家」那裡學到快速解決問題的本領，因為用「一」、「二」、「三」、「四」的排比句誘導讀者亦步亦趨跟隨的「思考專家」並不是那麼可靠。

什麼才是決策？

十個人裡有九個人對決策存有誤解，以為思考了的就是正確的決策，其實這是雙重謬論。我在搜集世界五百強企業的中高階層管理者的歷史資料時，發現了一個有趣的資料：67％的人經過三十分鐘以上的慎重思考做出的決定，其正確率卻比不上只思考五分鐘就做出的決定。首先我們要明確，正確率指的是事情發展到最後階段接近或實現目標的比例。思考的時間越長，誤導決策偏離軌道的因素就會被採納得越多。

決策不是做出對自己最有利的選擇，而是做出最接近正確的決定。但人們常把前者視為決策，而把後者視為錯誤。

在第六章中，我打算從另一個角度來和讀者一起討論「決策」這件事，即觀察事情的角度不同，決策就會不同。即使對同一件事，人們的行為表現也有可能截然相反；而思考的深度不一樣，看待事情的角度也會大有區別。

人們在現實中通常會以兩種模式來思考問題，並做出決策。第一種是基於「本能的欲望」做決策並採取相對應的行動；第二種則是基於「自我設定的目標」進行決策。

怎麼區分兩者的差異呢？

舉個例子，蕭亮興沖沖帶一位好久未見的老朋友去一家自助式吃到飽餐廳用餐，他們見什麼好吃便拿什麼，一直吃到餐廳打烊。買單時，他們都已忘記吃過什麼，更糟的是，老朋友因為吃得太多太雜而鬧起了肚子。老朋友原本只想找個地方簡單吃個飯，好好聊一聊，卻在蕭亮的熱情招待下住進了醫院，打了兩天點滴。

蕭亮和老朋友大吃大喝的行為，就是因本能的欲望而做出的決策。面對無數的美食，他和老朋友的本能驅使他們想吃哪種食物就吃哪種，根本不考慮忌口——不能吃辣、不能吃冷、不能吃生海鮮等。

換一種思維模式，假如蕭亮在用自我設定的目標引導自己的決策和行為時，運用了歸納法和思維導圖，他就不會任由食慾來支配自己。蕭亮可以先定一個有效的目標：和老朋友吃一頓健康的飯。這頓飯既能彰顯兩人的友誼，又能滿足自己的食慾，吃完身體舒服還有營養。在這個目標的引導下，面對任何美食，蕭亮都能理性地思考是否符合自己設定的目標，也許最終只吃了一碗面，或者僅吃了一盤蔬菜，兩人也很滿足。這個過程中，理性的思考和明智的選擇達成了目標，而不是任由本能在大腦中跳舞。

思考和正確決策之間，有時就隔著一層薄紗，但有時卻比牛郎和織女之間的距離還要遠。距離不是取決於眼光，而是取決於內在的認知。

回到開頭提到的兩種模式，第一種是情緒化的思考，第二種是理性的思考。情緒人和理性人最大的不同就是，他們對待決策和行為的方式不同。情緒人容易被自己的「情緒本能」控制，沒有準確的目標，自然就沒有精準的決策。更確切地說，這些人對思考的要求是越懶越好，越爽越好，呈現出情緒化、放縱化和發洩化的特點。理性人則服從於自己的理性思維，冷靜地面對外界的資訊，形成能力成長的反饋閉環。在任何重要的價值交換中，理性人都能清醒地告誡自己：思考、決策和行為的目的是優化「價值交換」，而非本能的宣洩。

無論如何，至少需要學會換一個角度來思考和制訂決策，尤其是當我們習慣了情緒化和衝動時，更要懂得「自我復位」，重新設計決策模式。在閱讀第六章的內容之前，我們不妨先問自己一個問題：

我是一個經常被本能控制的人，還是一個以理性為導向的人？

6

深度思考的核心思維模式

反饋，用結果修正思考的偏差

我們之所以經常「好心辦壞事」，是因為接收不到反射回來的「訊息」。

思考的反饋、修正與調整是一個人不斷加深認識自己的過程，同時也是向外界學習的過程，是使人們的思考方式更加有效的必要手段。

你有一萬個精妙的想法，也比不上一個用行動檢驗的做法。思考方式的有效與否，需要在行動中用結果去驗證和修正。

最成功的總裁與都市乞丐

從現實的角度出發，思考的正確與否需要行動（結果）的驗證。從結果反饋的訊息是對之前思考和決策的回應。思考是人們對世界的勾畫，反饋則是世界對人的回應，能在兩者之間達成平衡的人，思考的深度和透徹度都很值得讚嘆。實際上，這種能力不專屬於某個人，它可能屬於一位坐在市中心高級商業大樓頂層的某公司的總裁A，也可能在一位都市乞丐B的身上若隱若現。

最成功的乞丐B起初的經營範圍不包括地下道，他活動在繁華的商店街、商業中心區、人流如織的鬧市等商機良好之處。也許在某一刻，他和A擦肩而過，還向這位總裁討要了十塊錢。起初他認為這些地方是天堂，是有錢人聚集的地方，怎麼能不發財呢？但是經過幾個月的實踐，他得到的反饋越來越明顯地指向一個消極的結果：雖然商店街來來往往的有錢人很多，但願意為他停留幾秒並施以同情的人少之又少，而且他還要冒著被所在地管理者不定期驅趕的風險。

從概率學的角度看，在廣闊的、引人注目的空間（行人足以提前發現並遠遠繞開他、所在地管理者輕易就能驅趕他）行乞致富的前景十分渺茫。於是B修正了自己的思維，他開始注意到地下道這個神奇的地方，地下道是相對封閉的空間，行人很難避開他，簡直是上天為他專門打造的行乞之地。如果向後輩傳授經驗的話，他百分之百會說這一句：「腦袋要靈光，做事別死板，不行就得改。」

最成功的總裁A日常思考的事項是B所想像不到的，但本質與B所考慮的卻無半點區別。A要考慮公司的經營方向、制訂產品的行銷方式，還要思索激烈的市場競爭下的發展之道。他和B一樣，需要用結果來驗證自己的思考。假設A在某一天的早晨做了一個激動人心的決定，他通過分析新聞、政策、市場資料等資訊發現，他應該領導公司往一個新的領域進軍，對公司進行改革。人們經常會看到這樣的報導，有些大公司的總裁就有這種魄力，他擔負著讓公司越來越好的責任。假設他篩選和辨別了所有的不利及有利因素，說服了董事會和股東，躊躇滿志地上路了，然而，他發現現實與設想大相徑庭，他帶領公司掉進了一個坑，事業從此一蹶不振。

在無數個可能的節點上，A都可以利用反饋進行自我修正，反敗為勝，但一定得有這麼一個節點，否則A的反饋機制就失靈了。可能在一個不太愜意的午後，攜老帶幼的B會在商店街、商業中心區與A擦肩而過，而B很想施捨給A十塊錢。當然，他們也許屬於一生都不會相識的兩個人，但他們的思考卻是可以共通的。

兩腳踏雲的理想家

一個憤世嫉俗的創業者，他對世界產生誤解的原因，大致上源自他不肯修正自己的思考，喜歡活在自己的小世界裡無病呻吟。這不是思考的錯誤，而是他對世界的看法存在問題。我不是從少數樣本中得出這個觀點，而是始終與讀者一起感受到了這些浮躁的訊息。

有一年我在洛杉磯的獨角獸俱樂部（Los Angeles Unicorn Club，由矽谷投資人創辦的融資論壇）遇到了一位創業者C。C是美墨混血兒，三十四歲，曾在ＩＢＭ公司擔任技術部門主管六年，他的技術能力有多強，人緣就有多差。C喜歡高談闊論，他有厚厚的六種語言版本的商業計畫書，有專業得如同哈佛商學院教材的項目和產品說明書，也有別出心裁的團隊規畫。他最大的缺點是忽視反饋，對不確定的因素不屑一顧，沒有後備計畫，偏執堅硬得就像一根千錘百煉的鋼筋。他堅信自己可以改造一片荒蕪的市場，創造出一個新的商業世界。在投資人眼中，把錢投資給他就好比打水漂，即便他有機會成功，需要的時間也長得讓人絕望。

因此，當投資人婉言拒絕他的融資請求時，C當即發起脾氣，他用右手四指的關節鏗鏗地敲打桌子，左手沒有規律地擺動著，眼睛直盯著昏昏欲睡的投資人，憤怒地說了一句讓在場所有人，包括我在內，數年後仍當作談資的話：「你們怎麼確定市場是不能改造的呢？」

拒絕現實的人通常都具有這一特徵，拋出一個「不確定性」保護自己的另一個「不確定性」，轉移辯論的焦點。比如，一位喜歡協調婚姻關係的好事者，苦口婆心地勸解家暴的受害者：「好好過啊，他未必會再打妳了。」生活中處處充滿理想化的期盼，但這對結果有害而無益，還會損傷思考。我把這種人形容為「兩腳踏雲的理想家」。

我們應該如何看世界？

淺思考在本質上屬於「靜態思考」，理想化地認定思考的條件恒定不變；深度思考則屬於「動態思考」，即認為任何用來思考的條件都處在不斷變化之中。

我特別喜歡聽辯論家的辯論，類似一場左手和右手的拳擊比賽。我閒暇時也會參加辯論，只不過，他們是在嚴肅認真地辯論，不分勝負誓不罷休，而我是去找碴的。他們和科學家最大的差別在於——他們會主觀地刪除一些顯而易見的證據，以使資料看起來更加符合自己的觀點，而且自以為合乎規則；科學家則以此為恥，因為科學思維絕不容許掩耳盜鈴。我經常揪住他們「漏掉」的、對於確認事實又「很重要」的資訊窮追猛打，直到他們理屈詞窮地單方面宣佈勝利，順便剝奪我的辯論資格，甚至永久將我列入黑名單。

很殘酷的是，今天有相當數量的創業者也兼有辯論家的這種習性，他們挑選證據來支持自己對市場的觀點，無視負面反饋，唯一不反對的是「有更多的錢」。比如C，他的大腦能幫他贏得一場辯論賽，但贏不了現實的商業比賽，他是辯論的贏家，卻是經營的輸家。很多人把思考當作說服別人的武器，而不是解決問題的良藥，這導致一些聰明的腦袋在生活中百無一用。

不少自詡為精英的投資者也在使用辯論家的思考模式，大腦只出不進，封閉起來拒絕反饋。他們認為不符合預期結果的都是假象，因此經常把「技術性調整」這樣的詞彙掛在嘴邊，治療「股票熊市」①造成的內心恐慌。美國投資家索羅斯認為許多投資者都是愚蠢的，在一次發言中，他嘲道：「有些人腦子裡裝滿了陳舊的知識，不屑研究現實，世界在他們腦中是一個由數字拼成的平行世界，與真實社會格格不入。他們只配在《華爾街日報》的專欄『指點江山』，因為寫錯文章還不至於賠掉身家。」

人們之所以經常「好心辦壞事」，都與看不清現實有關。第七章我們將討論培養深度思考的最後一步：反饋如何幫助我們做正確的事。從跟蹤思路的執行、查補執行漏洞、累積行動優勢，到最後的歸零思考，在提升思考能力的整個串鏈中，

---

①熊市（Bear market），又稱「空頭市場」，當股市或者經濟呈現長期下滑空頭格局的時候稱之。

「善於思考而懶於行動」的弊病可能如影隨形。一般而言，淺思考模式總是會讓我們在行動中付出代價和隱形成本，而學習利用反饋則能及時修正我們的錯誤。

第二章

深度思考養成第一步：定義

1. 資訊，不是一個確定的 YES，
   就是完全的 NO
2. 性質，用 n-WHY 分析法接近事物的真相
3. 路徑，心智模式的較量

1

深度思考養成第一步：定義

資訊，不是一個確定的YES，就是完全的NO

對資訊的判定應該遵守莫非定律：任何有可能發生的事都會發生。

不要樂觀看待「可能」

聽多了與「可能」有關的事情，卻發現這些「可能」大多數都走向了壞的結果，無論是情感生活還是商業合作無一例外，不能被精確定義的資訊只會變得越來越含糊。比如，客戶四百七十六天前告訴你：「嘿，哥兒們，這幾天公司會匯款給你。」那時，你的妻子剛懷孕，而現在，你的孩子已經會叫爸爸了，那筆錢卻還沒入帳。

蕭亮之所以舉這個例子，是因為他深諳傳達欺騙性資訊的技巧，這和蕭亮的生意有關。十七年前，他從自己的第一位師父、美國訓練與發展協會的公關經理——荷蘭人維德那裡學到的第一個詞就是「可能」。這個詞語專門用來「對付」那些自己也不確定可不可靠，但對方急需你給出一個回答的情境。蕭亮至今還記得維德當時的表情，所以他在工作日誌中寫下了這段話：「我一定選錯了行業，我很悲觀，這不是一個確定的YES，而是一個完全的NO。我的上司第一天就給了我一記重拳，他叮囑我對資料加以分辨，對承諾一笑置之，對資訊保持警惕。他可能是個騙子。」

十七年很快過去了，蕭亮的生意越來越好，這部分歸功於他嫻熟的技巧。他深知「可能」是最不可靠的詞彙，通常有可能出現的事情，都會走向反面。人們的直覺也許是對的，但在現實中大多數時候是錯的，因此樂觀想像與期盼的結果經常讓人跌破眼鏡，沒法稱心如意，這便是事物發展的奇妙之處。

在「可能」的主導下，維德沒有變成騙子，而是變成了蕭亮的良師。當他打出那記摧毀蕭亮理想主義的重拳時，沒有忘記留下一把鑰匙給他。他說：「我不是有意教你悲觀地看待世界，我不想摧毀你的童真，我是希望你明白，那些看起來可能的東西不都是真的，資訊是最會騙人的，你要懂得對事物做出自己的理解，而不是人云亦云，儘管你的理解有時也會出錯。」

如果一件事情有變壞的可能，就要想到最壞的情況，這麼做可以創造兩種優勢——

第一，你可以比別人更快地想到預防最壞的情況。

第二，你可以有充足的時間為壞事制訂備案。

說回那位四百七十六天還未匯款的客戶，他精通拖延術，「這幾天」是由無數的「可能」構成的未知期限，可能會是兩天、三天，甚至是幾年。這的確是個YES，但不是確定的YES，全看你如何理解。

人們在生活中和做生意時要處理大量類似的資訊：

- 你能收到這筆錢嗎？
- 你能信任這個客戶嗎？
- 你能採納這個資訊嗎？
- 你能在股市轉虧為盈嗎？
- 妳能相信這個男人並委身於他嗎？
- 你能確認這件事的真實性嗎？
- 你能執行好這份計畫嗎？

• 你能抵抗女色的誘惑嗎？

……

對很多即將發生的事情來說，「判定」才是最關鍵的環節，如何處理這些資訊對未來有舉足輕重的影響。無論結果好壞，現在看的只是存在可能性而已，你在不久的將來就能體驗到登台領獎或褲子被海水沖走的感覺。重要的不是你選擇了相信或不相信，而是你怎麼看待這些資訊。

習慣淺思考的創業者處理不好與「可能」有關的問題。比如說，維德的另一個學生坎納，畢業於哈佛商學院，二十二歲他就創辦了自己的公司，得到了五十萬美元的天使投資，比祖克柏得到的第一筆投資還要多。他天賦異稟，擁有雄心壯志，準備大幹一場。「如果運氣不錯，誰敢說我的公司不是下一個微軟或亞馬遜呢？」他擁有得天獨厚的優勢，唯一的壞消息是，他相信一切「可能」的事情都會往積極的方向發展。

每當出現不確定的狀況時，他都將之看作機遇。對於從商者而言，這是不折不扣的壞習慣。由於他願意溝通，也喜歡等待，與人為善，廣結人脈，受到大量客戶的好評，所以他交到了越來越多的「四百七十六天客戶」，公司的資金也越來越吃緊。最後，他在看似最火熱的時候退出了市場，不得不說，這是一個悲劇。蕭亮喜歡坎納這樣的年輕人，他們思考問題的動機很單純，喜歡把事情往好的方面想，彬彬有禮，也遵守規則。蕭亮想和他們交朋友，但不建議他們做生意。他們對商業和人性的思考太淺了，視野太窄，只能看到冰山一角。

後來，蕭亮在他的工作日誌中寫道：「為什麼99.99％擁有好項目的創業者都『死』在了第一年呢？是劣幣驅逐良幣嗎？不，是因為他們不懂得對付這種『四百七十六天客戶』。他們不善於定義客戶，也不明白如何定義問題，在這個環節上他們付出了高昂的代價（時間和金錢成本）。記住，只有奇思妙想並不能幫助你成功，甚至會讓你敗得更慘烈。」

資訊和思考的關係

首先，我要引用一段學術式說明：「資訊是用符號、信號或者消息所包含的內容，它可以用來幫助人們消除對客觀事物認識的『不確定性』。資訊的存在是具有普遍性的，因為它是事物的運動狀態和規律的表徵；資訊對人類的生存和發展至關重要，因為它具有知識的稟性。整體而言，資訊普遍存在於自然界、人類社會和人的思維之中。」在學術式說明中，資訊的作用是幫助人們消除「不確定性」。

以下則是我對資訊的定義：「資訊是人們用來自我欺騙和互相隱瞞的常用工具，當然也是幫助我們對事物做出判斷的資料來源。」但資訊本身也具有不可消除的「不確定性」。美國哲學家、情報學理論的構建者之一，R・卡納普，在一九六四年提出「語義信息」的定義，認為語義不僅與所用語法和語句結構有關，也與人們對所用符號的「主觀感知」有關。他強調，語義信息是一種主觀資訊，比如平時聽到的別人說的話，看到的由他人搜集、歸納、羅列、分析和總結的資料，每一個字、每一個標點符號都擺脫不了主觀性，都包含其個人的立場、傾向、猜測、有意和無意的加工改造。

任何人都無法在沒有資訊支援的前提下正確和高效率地思考。假如坎納再多幾年社會經驗，用自己的親身體驗獲取了大量未經過媒體加工的原始資訊，結識過狡詐的富翁、吃「人血饅頭」的證券操盤手、精於合約詐騙的劣質客戶，了解談判的陷阱、人性的複雜，他的創業之路未必有那麼艱難，思路也能成熟一些。他未來要做的工作就是打開房門，讓自己修煉多年的邏輯體系經歷門外世界的錘煉，順利的話，三到五年之後他就能變得成熟起來。

為何女人更喜歡「壞男人」？

女人為何更喜歡「壞男人」呢？這不僅是一道情感題，也是一道思考題和投資題。討論這個問題，有助於我們理解生活中的種種詭異現象，精確地定義事物或資訊。

「不確定的美感」是針對人類另一半大腦設下的騙局，比如，女人熱愛旅遊、購物、美容、約會，男人喜歡獵豔、戰爭、股票、賭博、體育比賽等。蕭亮即便可以看穿一切，也阻止不了他的同事李小姐淪陷在隔壁公司產品經理的滿嘴鬼話中。產品經理經過包裝表現出來的愛意，在蕭亮眼中不過是為了欺騙女人感情而精心編織的謊言，這是一種有毒的訊息；而在李小姐眼中則不同，作為一種「不確定的美感」，它很有誘惑力。

在蕭亮的觀察中，李小姐把產品經理的求愛定義為「他愛上我了」，進而導出「他會跟我結婚」的結論。她由「不確定的美感」過渡到「確定的幸福」中，墜入了愛河。但在產品經理那裡，求愛不過是一次獵豔，是對性滿足的追尋，這從一開始就確定無疑。愛上她？結婚？NO！他可不想跳進婚姻的深淵。蕭亮從這個例子中感受到，男人和女人的思維方式在問題的開端便存在巨大的差異，男人和女人對某些資訊的定義有很大的差別，所以，連花瓶的擺放位置、書桌的顏色也會引發曠日持久的戰爭便不難理解，這讓蕭亮對婚姻產生了深深的恐懼。

類似的問題還有：「窮人思維」和「富人思維」讓越來越多的人開始研究自己的思維模式——問題是，真的存在「窮人思維」和「富人思維」嗎？如果結論是錯誤的，假如富人的成功是基於機緣巧合或家族支持，窮人貧困是因時運不濟或家庭拖累，那麼研究和學習它的意義又在哪裡？

定義法則

來看一下著名的莫非定律：任何事情都沒有表面看起來那麼簡單，有可能出錯的事情一定會出錯，如果你擔心壞的情況可能發生，那它更可能真的會發生。

莫非定律其實闡述了資訊的動態屬性。資訊不是靜止不變的，它不只傳遞資訊的A面，同時還傳遞了資訊的B面、C面——可能是，可能不是，也可能什麼都不代表，除非它已經發生了。所以，我們在面對資訊時，要做好兩手準備。

第一，先問「是不是」，再問「為什麼」。大腦收到資訊時，要本能地保持懷疑，不要給出明確的結論、選擇立場和採取實質行動，否則將陷入被動。一件事有

1%的不確定性，就要視之為完全的NO，並控制住你「想做些什麼」的熱情。在這個前提下，要靈活地思考「是不是」的問題，而不是急於進行下一步。比如，這是不是我最喜歡的工作？如果是，我為什麼不繼續做下去並把它做好呢？這則新聞是不是真實的？如果不是，我為什麼要表達自己的觀點呢？定義總是在行動這步驟的前面，這是進行深度思考需要養成的第一個習慣，只有完成這一步，後面的環節才能讓你減少損失。

第二，對任何「確定會發生」的事情，都做好其「確定不會發生」的準備。當李小姐確定產品經理將和她白頭偕老、「四百七十六天客戶」確定幾天內匯款，蕭亮想起了自己處理這種事的經驗——和我見識過的擅長思考的聰明人一樣，他們聽到一些「確信無疑」的消息時，第一反應總是「問題來了」。

如果有一個人向你做了100%的保證，那麼這中間100%有問題，你要做好它最後為零的準備。

聰明人首先會想到這則訊息的對立面和最壞的可能性，然後對一個極壞的結果做好充足的準備。蕭亮保持了這個好習慣，所以他很少失望，他總能事先猜到結局，比如李小姐和產品經理的故事。

深度思考養成第一步：定義

2 性質，用n－WHY分析法接近事物的真相

n－WHY分析法，是對一個問題連續以n個「為什麼」來追問，可以更接近真相。

華盛頓有個著名的傑弗遜紀念堂，是為紀念美國開國元勛之一、第三任美國總統的湯瑪斯・傑弗遜所建。紀念堂建成後不久，牆面便出現裂紋，一如我們見過的違章建築。這究竟是什麼原因造成的？責任在建築商還是裝修工，抑或聯邦政府的腐敗份子？最初的調查中，專家認為元兇是酸雨，但進一步調查發現，是清潔工人沖洗牆壁的清潔劑導致了如此嚴重的後果。於是，n－WHY（通過不停地追問，探究根本原因）分析法出現了，它與連續的針對性提問有關。

問題①：為什麼要沖洗牆壁？因為牆壁上每天都有大量的鳥糞。

問題②：為什麼有那麼多鳥糞？因為紀念堂周圍聚集了很多貪吃的燕子。

問題③：為什麼有那麼多燕子？因為牆上有很多燕子愛吃的蜘蛛。
問題④：為什麼有那麼多蜘蛛？因為紀念堂四周有蜘蛛喜歡吃的飛蟲。
問題⑤：為什麼有那麼多飛蟲？因為飛蟲在這裡繁殖特別快。
問題⑥：為什麼飛蟲在這裡繁殖特別快？因為這裡的塵埃最適宜飛蟲繁殖。
問題⑦：為什麼這裡有那麼多塵埃？因為要開著窗戶使陽光充足。

這起事故的本質是什麼？是「紀念堂開著窗戶引發了牆體裂紋」，解決方案是「關閉窗戶」，就這麼簡單。n－WHY分析法的本質是連續使用「為什麼」，對事物的表象提出追問，步步深入，直至根本。它不侷限次數，直到找出真正的原因為止，有時你只需要三個問題，有時則需要三十個。

運用n－WHY分析法的基本原則是，放棄用確定性思維思考問題，帶著不確定的疑問，鍥而不捨地尋找最初原因。即使這麼做，有時也不能找到最精確的答案，但一定比不這麼做離它更近。

不習慣問「為什麼」是最壞的習慣

提出「為什麼」，是為了抓住事物的核心要素，忽略與本質無關緊要的訊息。

比如評價一個人，品德和能力是核心要素，穿衣習慣和飲食嗜好就是無關緊要的資訊，所以，有些公司的人資主管憑著對求職者穿著打扮的第一印象來決定是否錄用的行為就顯得頗不妥當。有的道理可以亙古不變，是因為它揭示了事物的本質。對於一件事情，抓住了20%的核心要素，便意味著擁有了80%的把握能夠看到本質。假使要獲得100%的把握，還要付出幾十倍的努力去思考和分析20%的核心要素，至於剩下80%的關聯因素，不是它們不重要，而是它們扮演的角色和發揮的作用是受核心要素影響的。

同樣，戀愛中的男女，想要感情順順利利走到結婚，雙方必須審視對方的核心要素。假如李小姐和產品經理成功發展到計畫結婚的階段，那麼他們的婚姻幸福與否是由什麼決定的？先來列一張清單，把所有的相關因素寫下來——

房子：面積，位置，價格，房貸壓力。

車子：品牌，數量，車貸壓力。

收入：年收入，增長幅度，發展前景，職位。

存款：銀行存款，理財，股票，負債。

愛情：依賴感，激素指數，性吸引力。

三觀：世界觀、人生觀與價值觀的匹配程度。

形象：長相，身高，身材，隨年齡增長的發福程度。
性格：是否有家暴傾向，溝通特點，性格匹配度。
家庭：農村還是城市家庭，父母親友的人品、三觀、矛盾指數。

在長時間的觀察中，蕭亮吃驚地發現，李小姐不是一個習慣問「為什麼」的人，她討厭一切需要冷靜思考、等等再說的事情。作為不嫌麻煩的好事者，若蕭亮把這一張清單拿給她看，奉上自己苦心鑽研的成果，極有可能出現意想不到的後果，比如一個持續十秒的白眼、一句「狗拿耗子多管閒事」的怒罵，還可能被李小姐向公司的道德委員會投訴。李小姐不會騰出哪怕只有一秒，想一想自己為什麼看產品經理是白馬王子，而看蕭亮卻是癩蛤蟆？這種思維模式和蕭亮恰恰相反，蕭亮天生喜歡問為什麼，他精於剖析，能夠看到不同要素之間的關聯性，從而輕易推翻好像確信無疑的結論——比如，「長期持有股票一定能賺錢」和「李小姐與產品經理肯定能過上幸福生活」。

在這張並不複雜的清單中，經不起推敲的要素就像我們在高中時代寫下的人生計畫一樣多。和無數破裂的婚姻一樣，許多起初無比重要的要素最後都被事實證明是無關緊要的，另一些起初微不足道的缺陷則隨著歲月流逝越展現出破壞力，殘酷地決定了婚姻的生死。人們走出第一步就選錯支點是常見現象。蕭亮認為，也許李小姐多問一句「為什麼」，產品經理就會現出原形，例如，為什麼產品經理從不主動談論結婚的問題，卻對定期約會十分熱衷？為什麼這個長了一顆圓腦袋的男人從不當著自己的面給父母打電話？為什麼不願上交薪資，或者向她公開自己的確切收入，和未婚妻執行財務共用？蕭亮熱切地希望李小姐能思考類似問題。他為這個女同事感到惋惜，而李小姐在愛河中深感幸福，拒絕思考這段戀情的本質。

不知從何時起，我們身邊流行起一種不習慣和沒時間問「為什麼」的現象。人們把大腦中一根叫作「為什麼」的神經遮蔽了，因為問「為什麼」很耗費精力，探究事物的真相也往往十分乏味、破壞氣氛，影響自己玩遊戲、滑臉書、享受花錢的樂趣。人們對壞消息不感興趣，本能地將其拒之門外。就像我的一位老朋友、「墮世主義」的推崇者瑞恩．奈特（死於二〇一一年夏季的一場酒後車禍）刻在腦門上的名言：「不要說話，舉起酒杯；不要思考，閉上眼睛。」號召人們變蠢的話總是極具煽動力。每次他邀請我參加聚會，我看到的他都是一個今朝有酒今朝醉的形象，他從不思考勞心之事，所以對他堂弟巧妙篡奪了他公司的控制權致使他大醉一場，並在高速公路送命的悲劇，我一點也不感到意外——奈特早晚有這麼一天。

改變習慣很難，但最難的是邁出第一步。你有沒有猶豫之後仍然能開口詢問幾個關鍵的「為什麼」的情況？雖然有點難為情，但有的事別人請你代勞，你做出的決定是出於友情還是別的因素？你有沒想過他自己明明能做，為什麼還要找你？若你拿出幾分鐘好好思量一下這些問題，可能你就擺脫了一件煩心事。

怎麼發生的不重要，重要的是「它是什麼」

有位著名私募基金操盤手發表過一個統計數字：「在期貨市場，不管你在什麼位置買入，只要肯耐心等待，六十天內回本或贏利的機率高達98％。」在任何投資市場，只要肯等，你就不會虧——這是一個值得信服的結論嗎？我認為它在某種條件下是成立的，但這個條件是你有足夠的本金和足夠輕的倉位，可以承受得住任何巨大的、漫長的價格波動，否則，只要遇到那罕見的2％，有多少錢都會賠光。

有的期貨從業者認同操盤手的觀點——任何單子，如果能在下跌的市場中扛住，大部分的虧損都能夠扛回來；堅持就是勝利，就是財富，他們是這麼說的。但是，我發現98％的期貨從業者都恰巧遇到了另外的2％，死得何其慘烈，這是一種悲哀。所以聽信他們的鬼話，按照這樣的模式思考和決策投資問題，你將必死無疑，因為這些追求概率的思考從根本上偏離了投資的本質，遮蓋了自己從事的只是

「價格投機品」買賣的真相。

絕大部分股民相信，他們只要在一個相對低點，買入一個相對好點的股票，一路死扛，把時間拉長，堅持五年以上，甚至十年，贏錢的機率至少有95%。說實話，即便只有5%的失敗率，或者不巧遇到了基本面的驟然改變，都會讓投資者陷入「越是死扛，股價就越低」的境地，直至破產。事實上，很多人都是這麼做的。當價格下跌，他們聰明的頭腦便開始自我說服，他們搜集各方資訊「思考」許久，做出「這是谷底，未來定會上漲」的樂觀判斷，不肯止損，要等到贏利才走，最好賺得盆缽滿滿，上演熊市逆襲，變身千萬富翁的財富神話。這種模式確實可以在一定的時期讓他成為贏家，但是早晚會讓他掉進坑裡。

隨著時間的拉長，再小的概率也會變成必然事件，這才是投資的真相。

因為仔細計算的話，可以發現一個嚴重的問題是人們無法確定的：誰也不知道相對低谷在什麼位置，誰也沒有什麼判斷標準。一百元的股票跌到了三十元，是相對低谷了嗎？也許有80%的人傾向於認為三十元是低谷，但是三十元還可以跌到三元。這是股市歷史上經常發生的事。過去數百元的股票，今天已經跌到不足十元，而且每日還在下跌。因此，「低谷抄底必會贏」的觀點顯然背離了股市的現實，也違背了投資的規則。許多投資者一直在這種錯誤的邏輯上贏利，但他們遲早會加倍還給市場，還會連累一大批他們的信徒。

股神巴菲特有一個「不想告訴別人」的祕密，但他經常會主動說出來，因為他知道全世界貪婪的傻瓜都不會留意這段話。人們在觀看成功者的採訪時只顧尋找「如何賺大錢」的部分，本能地忽略了不利於自己進場的資訊，以致股災過後撫平傷口時，才不小心看到了那些給過自己無數機會的警世名言。

巴菲特是這麼說的：「沒人能預測犯錯的概率，也沒人擁有完全控制風險的能力，錯誤是陰陽兩面的陰面，永遠都會存在。當你已經懂得犯錯以後該如何去減少虧損，如何去管理這些錯誤時，錯誤才變得不再可怕。」

你如何定義房子的價值，就會如何定義股票。重要的不是怎麼發生的，而是「它是什麼」。不論是定義一棟房子對於自己人生的價值，還是定義一檔股票對於財富增長的意義，拋開表象，思考它內在的本質，是與你生死攸關的事情。

多問幾個「為什麼」，追根溯源，然後根據實際情況調整你的方法。這樣做也不是就不會犯錯了，而是能避免犯下那些最愚蠢的錯誤，並不斷修補自己思維中的漏洞。

3

深度思考養成第一步：定義

路徑，心智模式的較量

每個人都有自己的心智模式，它決定人們如何認識自己、他人、這個世界的其他事物，以及怎樣思考。而每天的生活，就是在跟它「談戀愛」。

蘇格蘭心理學家肯尼士・克里克在一九四〇年代提出了心智模式的概念，他認為心智模式決定了人們思考的路徑。後來，認知科學家馬文・斯基和認知心理學家詹森・賴爾德等人採用了這個說法，並廣泛將其應用於心理學領域，也用其解釋認知問題。他們對心理學研究貢獻甚偉。

假設心智模式是一個看得見、摸得著的事物，為它搭建一個模型的話，那麼可以稱它為深植於人們心中的關於自己、別人及周圍世界每一個層面的假設，並且深受人們已有的知識所侷限，表現出各具特色的行為路徑。簡單地說，心智模式根深蒂固地生長於人們心中，指導著我們如何思考，影響著我們眼中的世界，左右著我們如何認知、思考世界。需要強調的是，人們通常不易察覺自己的心智模式，也難以判斷它對自己行為的影響。

「槓精」的「受害」和「掌控」

先擱置上述顯而易見的影響，心智模式給予人們的思考和行為符號還包括一些讓人印象深刻的東西，比如受害、掌控等極端行為，可以稱之為「槓精」①（已經成為十分普遍的現象）。除了蕭亮這樣的思維「槓精」外（他天生喜好和別人的思維模式抬槓），人們還會遇到很多其他種類的「槓精」，他們的大腦就像堅硬的花崗岩，已經不可救藥，比如追漲、抄底的股民，醉心於虛擬貨幣的狂熱投機者，民間自封的「物理學家」，明星粉絲，還有以自我感動見長的政論家。

受害型心智模式：只要跟我的立場不一致，那肯定是壞的、別有用心的。

掌控型心智模式：只要跟我的認知不一致，那肯定是錯的、需要拯救的。

這是因為，人類的大腦幾乎只能通過「比較」和「分類」的方式處理資訊。對理性人來說，無法比較和分類的資訊能夠尋找可參照的範圍，至少他們願意平和地溝通，傾聽不同的聲音，擴大自己的視野。即使達不到溝通的目的，理性人也不會偏激，更不會鑽進死胡同。但對容易被情緒影響的人來說，平等溝通和傾聽他人聲音不亞於讓他跪地求饒，他們不能接受處於「被支配地位」，暴露自己的「失敗」。當一種觀點、現象無法歸類，且超出他所知的可參照範圍時，他便進入難以理解的境地。

受害型心智模式的人喜歡隨意妄加揣測，而且易患被害妄想症，總覺得有人在針對他。掌控型心智模式的人則在處於被動的情形時會感到憤怒，力圖不擇手段地挽回「劣勢」，他們會頑固地捍衛自己的思考模式，力求說服對方。

心智模式的特點

心理學家認為，人的心智模式有七個特點：

①每個人都具有心智模式，這是人生物性的一面。

②心智模式決定了人們觀察事物的角度和做出的相關結論。

③心智模式從根本上引導著人們思考和行為的方式。

①槓精：網路流行語，「抬槓」與「戲精」二詞的結合，指經常通過抬槓獲取快感的人、總是唱反調的人、爭辯時故意持相反意見的人。

④心智模式讓人們將自己的推論視為事實。
⑤心智模式是不完整的。
⑥心智模式不但影響人們行為的結果，還會不斷強化這種結果的效應。
⑦心智模式總是比它的「實用性」更加長壽，且難以改變。

不過，當我在投資、企業管理、情感、生活、社交、學習等領域，觀察很多人嘗試解決不同問題所表現出來的思考方式時，發現人們的心智模式並不是一成不變的，對於不同的問題和情境，人們的思維路徑與心智模式的表現並不是前後一致的，其中某些特點也並非相互獨立，而是彼此影響的。以下詳細說明：

第一，不完整的缺陷性。人們對於特定的現象所表現出來的心智模式大多是不完整的，針對某個問題或某種特定的領域，均擁有各自的缺陷和不足。這說明沒有完美的理性者，投資界的神人也可能是情感上的白癡。

第二，行為的侷限性。人們的心智模式與行為並不完全相符，執行能力有侷限性，並且受客觀條件的限制。

第三，動態的不穩定性。人們有時會忘記自己使用的心智模式，尤其經過一段時間後，可能就轉換為另一種心智模式了。心智模式的轉換表現在立場上，比如學生時代的A與成為教師的A判若兩人，但在他的內心一點也不違和，他察覺不出這種動態性的不穩定。

第四，沒有明確的邊界。心智運行的機制經常混淆，相反思考路徑、立場、分析方式不存在清晰的分佈，當然也不存在絕對的對立。這個世界上大部分的人是「中間人」，所以「不要黑白分明」地看待世界和其他人，不要給人貼上「非好即壞」的標籤。

第五，神祕主義特性。人們經常使用神祕主義心智模式，即使他們知道這不正確，但覺得很有必要。這說明沒有人像他聲稱的那樣了解自己，有時他並不清楚自己為何會做出A決定而非B決定。

第六，思考與行動的斷裂。人們想到也未必能做到，事實上，人們總是空想多過行動，喜歡心智規畫而懶於邁出實際的一步。這些「節省掉的行動」造成了許多人的心智與現實表現的斷裂，成為勤於思考而懶於行動的人。

改善心智模式

心智模式是一個微妙的話題，談論它有很多現實風險，比如會被質問：「你有什麼資格對我評頭論足？」就在寫下這句話時，我彷彿已經聽到了無數讀者的指責。但是，每個人都有心智模式，人們每時每刻都受到它的影響，比如塑造思維模式、構成思維的路徑、決定奔向何方、一生有何建樹等。如果不能駕馭或改善心智模式，人就會成為它的囚徒，變得愚蠢、短視、渺小。能夠駕馭和改善心智模式，才能變得精於思考，敢於行動。以下提出幾點改善方式。

・學習

學習能開闊人們的視野，其關鍵是獲取了新的資訊，並從中提取不一樣的知識，改變了對事物的定義。學習能拓寬大腦的「觀察窗」，了解新的思考邏輯，掌握更多規則，更新思考的路徑。學習也能使人們得以借鑑新的觀念，形成新的習慣，修正自己過去的價值取向，讓它變得更好。總之，學習是改善心智模式不可缺少的一步。

首先，要消除學習的誤區，不僅要通過讀書、聽課獲取新的資訊，還要擴大人際交流的範疇，觀察其他人，尤其是「欣賞」失敗者的表演，失敗者涕泗橫流的哭訴和血的教訓，遠比成功者自我標榜的虛假演說更能幫助我們。其次，我們需要接納和尊重差異性，積極地與自己看法不同的人學習，但要保持必要的距離和獨立性。

．自省

很幸運的是，我是一個每日自省的人，每天晚上睡前半小時我會對自己這一天的思考、行為進行一次檢視。我認為這是改善心智模式、提升思考深度的有效方法，能大大減少次日可能出現的失誤。通過自省，可以看到隱藏於自己內心深處的頑固偏見、不現實的假設、荒誕的邏輯和自以為是的規則，能使這些浮現出來，藉此對思考的有效性加以檢視。自省還有一個好處，即能讓人們以開放的心態接納不同的意見。可以肯定的是，自省是頂尖思考高手都具備的好習慣。

．總結教訓

在這個浮躁的時代，人們學會了許多技能，也願意接受新的知識，唯獨對教訓始終排斥。更常見的情形似乎是一而再、再而三地吃苦頭，老辦法確實行不通了，才開始亡羊補牢，對自己過去的做法進行反思。

這就是為什麼我喜歡那些不迴避問題的人，因為這種特質變得越來越稀有。積極地面對問題、困難與挑戰，主動地分析問題，有助於人們的心智模式跟上時代的變化，優化自身的思考和行為。

．通過更換環境來變更「思維路徑」

由於每個人的成長環境與經歷不同，心智模式也是不一樣的，且具有對特定路徑的依賴，即人人都有自己的習慣、擅長的思考模式、價值觀、立場等。就像一間住久了的房子，哪怕房子破舊不堪，但對住在房子裡的人而言依然舒適。這意味著不同的經歷和人生目標，使人對某一特定事件的意義都有各自的理解，在這種情況下，換一個新環境可以快速做到調整心智模式的效果，有利於思維路徑的改善。

比如，蕭亮因長期居住在洛杉磯，對中國無現金支付的消費方式很不理解，但回到北京兩個月後，他便在《洛杉磯時報》撰文批判美國落後的支付方式。環境的改變引起了蕭亮觀念的轉變，這一點也不奇怪，新穎、鮮活和豐富多樣的生活體驗會衝擊甚至衝破人們固化的心智模式。假如你長期在一固定的環境下工作和生活，不僅難以產生靈感，還容易思維僵化；換一個全新的環境，則能起到更新思維土壤的作用，讓你擁有一條新的思維路徑。

・避免「選擇性觀察」

「選擇性觀察」是人性的本能，也是心智模式的自我增強特性。你懷疑鄰居老劉偷了你家的花盆，就會有意地搜集種種旁證以確認該判斷；你懷疑老劉出軌，是個品德敗壞的傢伙，你就會格外留意他和妻子吵架、出差久久不歸等資訊，企圖驗證自己的觀點。以事物的定性而言，這是最易出錯也是最難防範的環節。當人們心裡有了某種想法之後，一定要避免啟動心智模式中「選擇性觀察」機制，避免去尋找更多能夠印證這種想法的事例。如果你阻止不了，就會堅定自己最初的判斷，直至得出一個錯誤的結論。我建議的策略是，用開放的心態歸納整理新的資料，進行不含情感色彩的推論，從而改變自己的選擇性判斷。這其實是很難做到的事，而如果能長久保持中性態度，發現新的資訊，或者能用新的視角解讀現有的資訊，就可以持續地改善心智模式了。

·情景規畫法

情景規畫法在商業和管理中的應用十分廣泛，它被用來改善團隊的集體心智（模式），優化團隊思考。具體的做法是，運用不同於傳統戰略規畫或者預測方法的手段，質疑那些人們認為理所當然的「基本假設」。

在質疑這些假設的同時，開發和預設新的情景，幫助人們以新的角度觀察、思考這個世界，從中看到無限變化。例如，世界第二大石油公司荷蘭皇家殼牌集團之所以能成功地渡過一九七〇、一九八〇年代兩次石油危機的巨大衝擊，都得歸功於情景規畫法。情景規畫法促進了管理團隊心智模式的改善，加速提升了他們的學習力和思考力，使之跟上時代的變化。規畫新的情景，實際上是從一個舊的、封閉的房間走進一個帶有露台、能看到天空的新鮮空間。

・從深度會談到深度思考

麻省理工學院史隆管理學院資深教授、組織學習協會（SoL）創始人兼主席彼得・聖吉非常推崇名為「深度會談」的交流方式。他認為，相對於個人的學習，與他人的交流中得到思考的啟迪，更能讓自己觸及核心智慧。為了實現深度思考，人們需要高層次、高品質的傾聽與共享。這麼做的目的不僅僅是探究事物的真相，更是和眾人建立「共同的意義」，達到意見的統一。

從深度會談到深度思考，要求人們彼此自由地探討話題，摒棄內心的成見，開啟理性的思考，對平時一直認為理所當然的經驗、工作程序提出質疑，從完全相反的角度思考和探究，以此發現隱藏在事物背後的真正規律。開始時你也許會很不適應，但很快便能樂在其中，因為它能幫助你全方位地了解整個世界，看到平常刻意疏忽的思維死角。

・堅持與持續的「修練」

改善心智進而優化思考模式的種種方法，在本質上都是自我內在持續修練的過程，也是堅持深度學習的過程。學習和修練貫穿人們的一生，活到老，學到老，也要思考到老，這是每個人自己的事情，別人無法替代，外在條件能提供的也只有促進和激發。

儘管每個人的情況不同，心智模式也千差萬別，然而改善心智模式，會讓每個人受益，會讓他們變得積極自信，生龍活虎，超脫淺思考，越來越有魅力。事實上，人們耳熟能詳的那些成功的企業家和思想家，他們每天都在嘗試改善心智模式，而全新的心智模式也讓他們思想更加發達，事業精進，人生精彩。

四個昇華為思想家的路徑

我在很多場合都宣揚過一個主張：企業家要從「管理家」昇華為「思想家」。再出色的管理家也只是「辦事之人」，思想家則兼具辦事者和傳教者兩種身分，而後者工作能力和思想俱全，知行合一，擁有理想的心智模式和人格。我宣導人們在工作中昇華成為後者，既能做好本職工作，又能向同事傳遞積極的價值觀。

那麼，如何昇華為「思想家」呢？

第一，要使自己的推論「明確化」，清楚自己產生某種觀點的原因和依據。

觀點可以讓人們看到一個人的見識，推論可以讓人們清楚這個人的邏輯。要證明一個人的觀點對錯，就離不開入情入理的推論。那些清晰透徹、一目瞭然的推論，不但可以佐證觀點，而且可以明確地指向其內在原因和理論依據。

第二，希望並主動尋求別人討論自己的觀點，歡迎他們來發現推論中的破綻。人是社會動物，每個人都不可能活成一座孤島，都需要與人交流。當你對自己發表的觀點有所質疑或是受到別人的質疑時，不妨找幾個見識廣博的朋友討論一番，不要擔心他們的評頭論足和鄭重批判，只要對方講得有理有據，你就接受，正好也可以檢驗你的觀點，發現你推論中的破綻。

第三，希望他人提供不同的看法，特別是想聽到、看到不同觀點所憑藉的依據。

任何觀點都不可能是放之四海皆準的真理。有些觀點的產生可能和思路有關，正所謂「橫看成嶺側成峰」。當別人發表他們的觀點時，你可以認真聽聽他們所憑藉的依據，或許你可以從中發現不一樣的思路，開啟新的思考模式。

第四，主動並深入地增加新的資訊管道，隨時修正自己的結論。

增加新的資訊管道，可以讓你在第一時間接觸到別人不易接觸的訊息，這樣，你的資訊來源面就被拓寬了。你從新的資訊管道獲得的資訊，有助於你完善思考，有利於你正確決策，進而及時修正錯誤的結論。

對大多數人來說，這四條路徑具有十分現實的可行性，也是我多年來堅持的習慣。凡願意承認自己心智模式存在缺點並有意改善的人，他們的思維不會停滯於昨天的某一時刻，也不會止步於今天的某一觀點。

在本章的三個環節中，了解到的所有內容都是對思考的啟示，首先要明白的是：資訊有哪些特徵？探究事物的性質有沒有簡單的方法？心智模式是如何影響人的思考路徑？

我們對事物做出定義的能力越強，思考就越精準有力。

第三章

深度思考養成第二步：抽離

1. 放空，為思考留出「偷懶」時間
2. 打破，遠離複雜的無關線索，
   從最簡單的問題開始
3. 回歸，讓「純粹」的思考聚焦
   「原始目的」

1

深度思考養成第二步：抽離

放空，為思考留出「偷懶」時間

放空不是睡覺，是讓大腦翻個身，讓心臟來一次急速跳動，或者爭取一些冥想時間。

放空抽離法

從一團亂麻的情緒中跳出來很難，這和多情之人強斬情絲無異。人在想問題時有一個特點，越想不通就越要想，絞盡腦汁，直至精疲力盡，身軀沉重。我們可以稱之為「想不開的大腦」。大腦是一個貪婪的器官，它想掌控一切資訊，自動對看到、聽到的事物進行計算和分析，直到得出令自己滿意的答案。

如果對一件事（物）實在想不通，就需要放空。是多睡覺？當然不是，睡眠的確是一種普遍有效的休息方式，但它還不足以達到大幅提升思維能力的要求，你不可能美美地睡一覺就對之前一知半解的問題擁有顛覆性的見解，我的意思是，不要指望睡眠能讓人變得更聰明，儘管午睡是一個好習慣。既然不能安全便捷地換掉腦袋，或為它更新電池，那就只能在關鍵時刻讓大腦停止對某個問題的思考，轉移注意力，讓它去做一些別的事情——這就是放空。

通常，文學家是放空大腦的高手。日本著名小說家村上春樹創作了《挪威的森林》、《海邊的卡夫卡》、《聽風的歌》等多部暢銷全球的作品，他是天才作家，同時也是調節大腦的高手。從三十三歲開始，村上春樹平均每天跑步十公里，每年至少參加一次全程馬拉松比賽。作為時常待在封閉空間埋首寫作的人，他的運動量是如此驚人。假如不這麼做，他可能寫不出太多美妙的作品，因為寫作本身就是一項艱苦的工作，需要久坐，需要靈感；沒東西可寫時，乾坐著硬想是吃力不討好的，有時你坐上幾天也未必能想出幾個滿意的句子，反而把自己搞得頭昏眼花。村上春樹便是用跑步的方式讓大腦休息，同時在奔跑中找靈感。

思考是一種腦力勞動，大腦皮層極度興奮，身體卻長時間處於低興奮狀態。對此我很有經驗，當連續幾天開會、談判、協商、撰寫方案以尋找突破點而毫無進展，大腦裡就像有無數的鼓點，腦細胞活躍得快要跳出來，全身的肌肉、手腳、腰腹等卻十分乏力。每當我感受到身體裡這兩種奇妙狀態，便意識到應該放空大腦了，我必須從思考中抽離出來，停下手上的工作，因為我知道再這麼下去，不會有任何收穫。

我的「想不開的大腦」不想停工，這時睡眠能起到的作用微乎其微，除非我處於熬夜加班三四天、極度缺乏睡眠的狀態。所以我選擇了一個折中的辦法：放下手上的工作，開車去郊外，爬山或者游泳。數個小時後，也許我還泡在水裡，但新的活力已被點燃。於是我在這些情境中解決了之前棘手的問題，工作效率提升了好幾倍，而我為此支付的不過是幾個小時的放空時間。雖然這個方法不是100%有效，但它確實擴充了我思考的深度，還刪除了我大腦中的垃圾文件。

大多數情況下，思維的麻木、停滯、磨損等低效的表現來自對一成不變的現狀感到厭倦。不婚主義者的擔憂和本節的論點異曲同工——如果婚後的生活每天重複著柴米油鹽和瑣碎爭吵，結婚的意義是什麼呢？同理，假如思考陷入原地踏步、徘徊、重複進行無效嘗試的模式，那思考的意義又是什麼呢？這並不代表我贊同不婚主義者對婚姻的思考，他們有值得認同的一面，但拒絕繁衍後代、把社會資源讓給其他家庭的做法並不在本人的支持之列。你只要記住，開始無效思考時需要馬上踩下剎車，立刻停止。

最好的放空方式是讓人們能重新點燃生活和工作熱情的活動，比如冥想、瑜伽、圍棋（如果你深諳圍棋之道）、釣魚和爬山等體力活動。

進行這些需要消耗一定時間的活動時，基本規則是清空腦子裡正「叮咬」你神經細胞的事項，打開腦門把它們放出去。不用擔心它們會跑得無影無蹤，它們會像證券交易大廳電子螢幕上跳動的數字一樣，在正確的時間歸來。

「不思考」也是一種思考

我曾在雜誌上讀過一篇文章，標題是「不思考是一種陋習」。作者的名字我已經忘記了，他文采斐然，內容很有說服力，論點也與今天的社會節奏不謀而合，但是，我只能對這個主題表示50%的贊同。一個從來不思考的人很顯然是一個大腦停工的廢人，但若將思考視為必須努力運行的工作，認為這樣才能變得越來越聰明、擁有洞察事物的能力，則是大錯特錯。讓我感到有些悲哀的是，有越來越多人中了這種論點的圈套，他們放棄週末休息的時間——因為他們覺得週末什麼都不做是對生命的浪費，報名參加各種培訓課程，或者花錢捧大師講座的場，他們連主講人的模樣也沒有看清楚，只聽到幾個貌似有深度的「金句」，便滿足地以為自己的思考變得深刻了，對人生、事業等有了非凡的理解，並且選擇在微信朋友圈發表自己的感悟。這是一個過度思考的時代，反而造就了越來越多不懂思考的人。

關於思考，我有幾項建議。

第一，當你覺得大腦力有不逮時，為何不卸下重擔？蕭亮的朋友老李是公司的技術能手，他開發的幾款軟體為公司掙了不少錢，老闆高興之下給他升了職、加了薪。一心想賺更多錢的老李並不滿足，工作之餘，他又私下接了幾個案子，每天都要忙到淩晨兩三點才休息。大腦持續地高速運轉，讓老李頓感頭昏眼花，而且效率也越來越低。一天，老李忽然病倒了，被幾個同事送進了醫院，躺在醫院的病床上，老李想了很多，賺錢重要，但身體健康、大腦正常運轉更重要，他決定好好調整一下，放下該放下的，因為沒有人能憑藉自己的聰明智慧獲得一切，也沒必要勉強自己。懂得在最佳時機卸下重擔，是為大腦減負的第一要點。

第二，定期安排「不思考」階段，讓大腦徹底休息。你可以抽空了解一下羅傑斯、索羅斯和巴菲特這些商業精英的度假習慣，他們每年都有一段時間是用來「消失」的，除了親近之人，就算擁有通天本領的記者也不會知道他們身在何處、正做何事。媒體曾透露巴菲特喜歡躲在奧馬哈，但更多時候你在這座美國小城也見不到他的影子。這麼做是為了讓你離「製造問題的地方」遠一點，既放空了頭腦，也爭取到一個可以冷靜觀察的距離。

第三，不是任何事都要思考「有沒有意義」。我的一位親戚在十幾年前不幸患病，躺在病床上不知要多久才能下床，但她向來閒不住，腦子一刻不停地運轉，所以睜開眼睛便不停地問東問西，像身體無恙時那樣掌控丈夫和家裡的一舉一動。我去醫院探望時，正好碰上她發脾氣，質問丈夫為何不把車停進醫院的免費停車場，而是直接停在病房樓的收費通道；她還令人費解地詢問醫護人員為何鄰床的病人住了半天就走了，只住這麼短的時間為何還要辦理入院手續。一個人病到這種程度還有如此旺盛的精力，我很欽佩。後來一直陪伴她的妹妹實在忍受不了（當眾丟人），怒問：「是不是病房裡有一隻螞蟻爬過，妳也要弄清楚牠去幹什麼呢？」病房裡的人哈哈大笑。

像她這樣好奇心太強的性格發展到極致，就會變成人們常說的「掌控欲太強」，最主要的表現便是對任何事都思慮過度，並且對所有的事都只做到了「知其然而不知其所以然」的淺思考。所以，有選擇地思考，才是明智之舉。

二〇一六年的某一天，芝加哥《太陽時報》的編輯萊斯特．伯納姆問過我一個問題：「假如今天晚上你突然寫不出我們明晨見報的專欄，熬夜伏案苦思與推遲發表時間，你會選哪一樣？我要強調一下，這是一個思考問題。」看著他狡黠的笑容，我回答：「哪一樣都不選。」我的選擇是關掉電話、電腦、電視，不和萊斯特這樣的催稿狂人聊天，而是走出去散步，或躺到床上小憩，漫無邊際地發想，然後再坐回來考慮稿子的問題。

放空大腦並且後退幾步，有時候比使勁向前跑更有收穫。

深度思考養成第二步：抽離

2 打破，遠離複雜的無關線索，從最簡單的問題開始

離得最近的資訊，有時是最無用的。這些資訊纏繞在一起織成一張複雜的網，就是為了欺騙你。把它們剪掉，才能找到最初的線頭。

房子和幸福感

有一次，蕭亮在廁所蹲著，不知為什麼突然開始思考一個從沒思考過的問題，想到最後他汗流浹背，因為他發現這幾年來自己做的計畫、取得的成果，離最初的規畫越來越遠了，這讓他幾乎不能原諒自己。蕭亮思考的這個問題很簡單：「我住在這座城市幸福嗎？」大腦中有一個聲音立刻回答他：「一點都不！」

蕭亮就此和內心深處的自己展開了一次對話——

「那我為何搬到了這座城市呢？」
「因為家庭的需要。」
「我的需要是什麼？」
「是一種愜意的、有充分自由時間的狀態。」
「那你現在擁有這種狀態了嗎？」
「完全沒有，我感覺自己像個奴隸。」
「你是一個聰明人嗎？」
「我有學識，有成功的事業，有大房子，顯然我是聰明人。」
「那你為何混到這步田地，連自己的需要都滿足不了？」

拷問內心是尖銳刻薄和不留情面的事情，以前的蕭亮從未想過這些——面對面地質問真實的內心，回首過去不堪的歷史。一般而言，這是能住進郊區別墅的成功人士才配得上的經歷，但尚未成功的蕭亮十分幸運（或不幸）地也來了這麼一次。於是這次廁所的思考製造了一起事故，打破了蕭亮一貫穩定的生活流程，為他開啟了一場顛覆式的思考。

正如每個人都會經歷的恍然大悟一樣，蕭亮在這十分鐘裡突然領悟到，自己這些年的行為一直被某些「不需要」的東西操縱。當妻子喜歡在大都市生活，他便義無反顧地舉家遷徙；當建構一個和諧的家庭需要他買一棟大房子，他背負巨債，知難而上；當事業需要他早出晚歸、推杯換盞，他毫無怨言地獻出了自己的健康。而這些，只是一個又一個與他初心違背的線索主導的決策。

質疑與提問的能力

從廁所出來，蕭亮把目光轉向其他方向，如果有心情，他還可以環視一下大房子。為了購買這間房子，他支付了八百萬台幣的首付款，並背上了一千六百萬元的債務。房子在中國是一個巨大的信息源，圍繞它的還有地段、交通、收入、身價、婚姻、財產、面子、資產配置等資料。每個資料都可以寫一個故事，釋放出一連串的線索和訊息。它們一出現，就會在你的腦海中互相苟合、裂變，進而佔據整個大腦。人們在讀到一本爛書、看到一部爛劇時也會有這樣的感覺，很多人開始時一邊看一邊吐槽「這本書多麼爛」，但看到一半時他已深陷其中，覺得「還是挺有意思的」。

人的思緒容易被各種線索牽著走。當你想要為自己購買一間房子時，這方面的線索就會層出不窮地湧現，給你沉重的壓力，使你喪失質疑與提問的能力。你甚至會忘了自己本來要做什麼，那份十年前就已制訂好的低成本人生計畫便宣佈作古了。

但是離得最近的資訊，有時是最無用的，不僅無用，它們還是蓄謀已久的聯合殺手。蕭亮去了趟廁所，出來後頓悟自己的人生不過是由這類資訊主導的一次「打工之旅」，他是給這些雜七雜八的欲望打工的，他以為是自己在思考，其實是這些線索在規畫他的每一天。

投資是無關線索最多的領域，也是最難打破思考障礙的殘酷戰場。股市中的新手從來不懂提問，只會辛辛苦苦地搜集線索。他們早晨醒來就打開手機、電腦，搜索跟股價、公司成長、政策變動有關的資訊，收看新聞，打聽八卦，虔誠地聽取專家的建議，然後信心滿滿地做出選擇。遺憾的是，這麼做總是錯的，最起碼做對的人不多，因為憑藉新聞搜索工具和訂閱權威專欄成為股市贏家的人寥寥無幾。

這是一個財富大轉移的時代，投資是財富大轉移的工具。對全世界的投資者來說，這是一個簡單而永恆的本質，但人們很難真正接受這一點，總是選擇視而不見。無關資訊織成的網美麗又動人，傳達的思想與規畫的路徑極具誘惑性，讓你誤以為找到了方向——如果不打破這張網，你很難看到真相。

在處理問題時，我建議盡量使用「數據」和「圖表」這類一目瞭然的工具，引導自己進行獨立思考，得出結論。因為這個結論是抽離無關線索之後得出的，對下一步的判斷和決策異常重要。

在遭遇新趨勢的洗禮時，人們總是會忽略掉危機，只看到機遇。利益總是那麼輕易就蒙蔽了人們的眼睛，我們太容易被倖存者偏差誤導了。什麼是「倖存者偏差」？舉個例子，一場經濟變動的五年乃至十年後，我們會聽到新的成功者為我們講述他們是如何在浪潮中抓住機遇，獲得了如今的成就的。這就是倖存者偏差，因為能出現在鏡頭前講述自己成功經驗的人遠少於那些失敗者，他們可能只佔總人數的百萬分之一，就像你只看到馬雲創建了阿里巴巴，卻看不到成千上萬的人創業失敗，不理解做出選擇要付出怎樣的代價。如果我們不為即將做出的決定進行正確評估，那麼我們很有可能會因為準備不足而被打擊得站不起來，這是對自己的不負責任，所以剔除無關的有害資訊是至關重要的。

人們看到的「事實」（趨勢）和「正確資訊」之間不會是一條透明的道路，大多數人會先經由媒體聽到一些無關的線索（而這經常是有害的、有誤導性的），就此展開思考，然後走向真相的另一面，成為從眾者中的一員。

跨過前兩層障礙，直接抽離出正確資訊很困難，因為人的眼睛和大腦都是直覺性器官。美國訓練與發展協會倡導的培訓工作中，有一項重要的議題，就是提醒人們警惕「直覺思維」對判斷力的負面影響。人的直覺很容易注意到與核心要素無關的旁枝資訊，防備的技巧是：謹慎對待許多人都在談論的東西。越多人傾向做出的判斷，你就越要小心分析。

你瞧不上的最簡單問題，才是最致命的

假如蕭亮的思考繼續深入，那他和妻子也許要吵上一架。但事實上，有99%的機率是兩人恩愛如昔，廁所的思考就像沒有出現過一樣，吵架也不會發生；還有1%的機率是蕭亮悶悶不樂了兩日，在不明所以的妻子一聲怒喝下陰雲消散，精神抖擻地重新投入工作。

總結本節的主旨：第一，如何思考幸福感？幸福感是一個簡單的問題，人們很少在百忙之中認真去審視這三個字。在人的思維體系中，浮在第一層的幾乎全是與功利有關的東西：吃、穿、住、行、收入、健康、人脈品質等。大腦誤以為這些因素的相加之和就是幸福感，結果人們奮鬥了幾年，實實在在擁有了這些東西時，卻感覺不到自己是幸福的。是作為思考者的人太悲觀了，還是思考本身出了問題呢？都不是，是人們為「幸福感」這個目標添加的必要條件太多了，它們逐漸喧賓奪

主，悄然替代了你的人生目標，成為你每天的追求。因此，在判斷和評估一個問題之前，要先把和它有關的條件、線索、資訊全部打破，把你最核心的目的抽出來，以防止思維的混亂與遲鈍。

第二，如何集中精力做正確的事？投資者相信市場在變好，在危險的邊緣蠢蠢欲動，這是淺思考模式對他們玩的小把戲。和生活中的奮鬥者一樣，股民也總是不能「集中精力去做正確的事」，這是一個世紀難題，全球頂尖的投資者也常會犯這種錯誤。我的建議是，在做出任何決定之前先思考一下這個行動的「背面」——不這麼做，我將損失什麼？如果你對自己將要損失掉的東西並不明確，那麼這個決策就是錯誤的，而且，促使你做出決策的因素一定存在問題。

深度思考養成第二步：抽離

3 回歸，讓「純粹」的思考聚焦「原始目的」

愛因斯坦說：「每當我的頭腦沒有問題思考時，我喜歡將已經知道的定理重新驗證一番。這樣做並沒有什麼目的，只是讓自己有個機會充分享受一下專心思考的快樂。」

用正確的態度持續思考

美國作家海明威說：「任何初稿都醜陋不堪。」這句話從文學創作的角度闡釋了「持續思考」的重要性。海明威的作品以樸實、輕鬆和直觀著稱，他善於運用簡單純粹的語言表達最複雜的內容，他是語言組織技巧的集大成者。在寫作中，海明威總是努力避免繁雜的背景交代，不使用或少添加修飾成分，只用基本詞彙和簡短的句式表達出最豐富的內容，保證了自己的靈感和意圖的聚焦。

我認為正確的思考態度有三點：不偏離思考的主要目標（目的純粹）；長久、深入和重複的練習（持續思考）；避免複雜和表層的無關現象（直達本質）。用大白話來說，就是不要繞圈子，不要耽誤時間，才能保證人們對一個問題進行持續而專注的思考，使思考更有深度。現實中，很少有人能一眼看透事物的表象、揭露其本質，人們也不能指望自己是天才，可以在談笑間就解開種種難題。深度思考需要長久、深入和重複的練習，並不斷提升思考的深度，掌握返璞歸真的技巧。

在大多數情況下，人們因資訊不足，或者思考方式有誤，或者上述思考態度三者缺一，而不能像海明威那樣信手拈來。但是，即便最笨的人也能做到「持續思考」，無非是多花一點時間而已。保持好思考的姿態，你就能控制思考的方向，不偏離自己的主要目標。

收集和展開你的「暗時間」

「暗時間」是什麼？就是不能產生直接成果的思考時間，它們是零碎的、斷續的、短暫的、隱藏的，卻是不可捨棄的，因為它們對最終的成果起著推波助瀾的作用。比如等電梯、步行去捷運站、去洗手間、喝茶、候機，這些都是暗時間，需要大加利用，認真開發。我們可以將這些碎片時間收集起來，為它們做一個計畫：「我該如何把它們串聯起來，持續地思考一個問題？」

利用這些被忽視的時間展開重要的思考，調整與反思自己的不妥、錯誤和欠缺之處，相當於獲得了一部思維加速器。每個人每天都只有二十四小時，如果充分利用「暗時間」，你用來有效思考的時間就會比別人長很多。利用這些時間專注思考怎樣在自己的學習和工作中提高效率，既能有利於工作，也能專心享受思考的快樂。

抽離無關資訊，回歸原始目的

在物理學史上，愛因斯坦的成就是一座無法超越的高峰，他有著天才的大腦，也有至今仍然不斷被天文學家證實的理論。為什麼愛因斯坦能提出「相對論」，別的物理學家即便研究條件比他更好，卻仍不能邁進那座殿堂？是他的天賦為上帝所賜，還是他比別人善用天賦？聽聽他自己的見解：「每當我的頭腦沒有問題思考時，我喜歡將已經知道的定理重新驗證一番。這樣做並沒有什麼目的，只是讓自己有個機會充分享受一下專心思考的快樂。」

抽離無關資訊，專心思考——這條偉大科學家信奉的簡單樸素真理，也是推動人的思維成長最有力的法則。放空是為了蓄積力量，打破是為了尋找核心，回歸則是為了重新聚焦於純粹的目標，把無關資訊清理出去，然後集中力量，突破障礙，獲得思想的昇華。

始終不要忘記自己最初的目的，思考方能厚積薄發。

第四章

深度思考養成第三步：辨別

1. 割裂，去除「理所當然」，擁抱理性
2. 識別，確認問題的本質是什麼
3. 論證，用對比的方式展開分析
4. 堅定，不要偏離最初的目標
5. 掌控，從問題中挖掘機遇

1 割裂，去除「理所當然」，擁抱理性

深度思考養成第三步：辨別

越是理所當然的事情，越需要我們認真思考，找到事件的成因。

「理所當然」的深井

美國南卡羅來納州的一位婦女芭芭拉，今年二十七歲，沒有工作，在家教育孩子。她告別了職場，把全部精力放在家庭上，但有一個問題讓她想不明白：是她太優秀了，還是丈夫太愛她了？她對每天都需要小心翼翼照顧家庭這件事漸漸感到不滿，心中滋生出鄙視的情緒。除此之外，他們近期的經濟狀況無比糟糕，已經落魄到需要典賣家具度日的程度。而住在馬路對面別墅裡的公婆，似乎從未考慮幫助他

們，作為親人，互相幫助難道不是應該的嗎？更讓她氣憤的是，公婆連一個問候的電話也沒打過。

芭芭拉對閨密說：「這個時候，我選擇離婚不是理所當然的事情嗎？」

芭芭拉的丈夫，三十一歲的約翰．莫爾菲爾德同樣也有自己的煩惱。他是一名建築師，曾經在西雅圖一家著名的設計事務所工作，有著豐厚的薪資。可隨著全球市場的低迷，公司紛紛裁員，他已經連續失業兩次，有十五個月沒有收入了。一個沒有收入的落魄男人，回家面對妻子的日常狀態是什麼呢？至少約翰沒有變成一個暴脾氣的酒鬼，他的決定是對她更好、忍耐和等待機會。

即使最親密的關係，也會有因為判斷失誤而失去理性的時刻。事實上這種事情經常發生，人們覺得有些問題順理成章，或者理所當然，從不質疑它的正確性。比如，約翰的家庭陷入困頓，父母從不伸出援手，他賺不回錢，又欠缺男子氣概，如果此時妻子選擇離婚，在人們和他自己眼中這便是「理所當然」的行為。可是，「理所當然」這個詞不知道「害」了多少人，浪費了人們多少時間、金錢和資源。

因此，辨別的第一步就是，推翻「理所當然」這個詞在思考中存在的意義。

思考「成因」

越是理所當然的事情，就越需要認真思考，找到事件的成因。「理所當然」的想法會讓人在思考中犯下這些錯誤：男人在外賺錢，女人做好家務、照顧好孩子，家庭就能幸福；公司福利好、薪資高，員工就得無條件加班，且不能抱怨；放假就必須出去玩，不能宅在家裡；因為孩子會為父母養老，所以父母出錢給孩子買房也是應該的。

如上，成為普遍現象的錯誤認知還有很多。人們從不主動辨別這些觀點，常潛移默化地接受，進而直接帶著這些觀點去思考和行動。就像芭芭拉對沒完沒了照顧家庭的不滿和鄙視，對公婆不聞不問他們艱難生活的憤怒，她的腦海中形成了一種錯誤的認知，她覺得丈夫無能，公婆為富不仁。她沒有認真思考這背後的原因，也對丈夫的苦衷毫不理解。

人們對上司、同事和朋友產生誤解時，也是同樣的心境，難以將眼前看到的事物和內心的情緒割裂開來，進行客觀的思考。

道格拉斯．梅瑞爾是 Google 公司的前資訊長，他曾與人合著《Google 時代一定要會的整理術》一書。他在書中詳細描述了「暑假」這一事物給他帶來的種種困擾，並在採訪時說：「漫長的假期與時代的需求格格不入，可人們卻覺得這是理所當然的，這對我們解放創造力造成了阻礙。」他認為，人們覺得理所當然的東西讓生活變得更糟糕了。

實際上，這種「理所當然」的感覺不過是大家的一種習慣而已。例如在美國，暑假是工業革命前的產物，學生擁有這麼長的假期是要回家協助父母的農場工作。但工業革命後，農場與農田的工作基本由機械完成，年輕人早就被解放出來了，應將這些時間用在學習或大腦的鍛煉上，所以暑假是不需要的。可這一工業革命前的產物，並沒有隨著時代的進步而消失，仍然成為人們頭腦中根深蒂固的觀念。

再例如，傳統的工廠——二十年前的製造業——要求員工按時到崗，因為一條生產線必須所有的員工都就位才能開工，任何一個環節的人員缺席，整條生產線都無法運轉。但經過數位化、科技化改造的新型公司，在技術上已經不需要這麼做了。如今電話、視頻辦公、智能分享等溝通方式的普及，讓異地辦公成為可能，人與人之間的溝通跨越了地理的限制，溝通無處不在、無時不在。這時，公司再要求員工（包含符合彈性工作制的人員）準時到達公司的意義又是什麼呢？管理者是否思考過這個問題？

為什麼管理者要求員工按時上下班？這是因為觀念使然。道格拉斯把管理者硬性要求員工朝九晚五在公司上班的行為形容為「權力觀念」。他說：「我們是高高在上的上司，所以覺得支配下屬是理所應當的。管理者既是新觀念的開創者，也是舊觀念的承襲者。觀念本身就是成本，改變觀念會讓公司持續付出金錢的代價，因此，保守的人不在意這種觀念背後的成因，也從不考慮修改它。」他在自己的一本暢銷書中分享了風靡Google的資訊整理術，呼籲公司的管理者學習如何整理資訊，改變自己的觀念。

每當思考這些不合時宜的事項時，我給讀者的建議是：留意腦海中沉積已久的習慣，費點心思想想它們是否還跟得上現在的需要。不要吝惜觀念成本，如果不改變觀念，將來可能會有更大的損失。

去除錯誤認知就這麼難嗎？這是因為有行動成本。站在芭芭拉的立場，如果譴責丈夫是對自己的維護，那迎合丈夫則是對現實的放任。丈夫為何選擇遷就她？公婆為何許久沒打問候電話了？自己的認知正確嗎？她放不下自尊去深入了解事情背後的原因。錯誤認知的行動成本，使人們習慣性地沿著自己的認知模式走到底，對事物的思考也會錯到底。

好消息是，約翰決定像設計房子一樣重新設計自己的未來，他改變了自己以往在這個行業形成的習慣，思考新的工作方式。他覺得建築師不一定要坐在舒適的空調辦公室裡，於是他坐在馬路邊，身旁是一輛自製的推車（造價一百美元），車上寫著「五美分建築設計」的標語，路人都以為約翰是慈善組織的工作人員，於是有人好奇地問他是不是比爾．蓋茲或卡內基基金會的成員。他搖搖頭，說：「不是，我是專業建築設計師，回答關於建築設計的任何問題，每次僅收取五美分。」他對過來詢問的每個人都報以微笑，和他們握手，並友好地交談，回答完問題後，便指一指推車上的零錢罐。

他這一做法受到了其他建築師的批評，建築師的身價竟然低到可憐的五美分了？同行的憤懣之情溢於言表，他們是「理所當然派」，不肯屈尊下就，不肯改變以往的清高作風。有人發郵件、打電話罵他，讓他滾出建築設計行業，也有人發推特對他的所作所為表示悲哀，但約翰不為所動。他已經想開了，他說：「當你不知道將來想做什麼，又沒有其他選擇時，你就別無選擇。你需要好好審視那些影響你十幾年的觀念對解決當下的問題是否有效。解決現在的問題，才是理性的態度。」

在他改變工作方式後不久，經濟狀況便得到了改善。他用「五美分攤位」和潛在客戶溝通，獲得了大量的粉絲，很快就有人邀請他設計住宅和辦公樓等專案。當約翰的家庭財務好轉後，芭芭拉驚訝地發現，自己對丈夫和公婆的不滿情緒也消失無蹤。

我很想告訴她：「人總是理所當然地認為自己的收穫是應得的，自己的煩惱是別人造成的。」不過，芭芭拉正忙著慶祝，她還沒到反思自己的時候。

深度思考養成第三步：辨別

2 識別，確認問題的本質是什麼

如果不能識別問題的本質，則所有的努力都會像三流股市投機者的結局一樣悲慘。

擁有強大辨別思維能力

據說，現在廁所成為人們思考人生和哲學的「聖地」，這意味著人們的生活充滿了干擾性資訊，只有躲進廁所才能讓大腦得到片刻寧靜。

此外，人類的思維還極度迷戀因果關係，遵循「有因必有果」的邏輯。人們看到一件事情，必然想知道其產生的原因，這時思維便會本能地跟著線索走，並在錯誤資訊的引導下，距離問題的本質越來越遠，直到無路可走。

約翰的前同事塔莎，十三個月前從設計公司失業後不久，便和在工作中結識的房地產開發商埃斯特里拉，在洛杉磯開了一家販售冰淇淋、三明治的小店，店裡的冰淇淋和三明治都是塔莎自製的。她給自己的小店起名為「庫哈斯」（Koolhaas，著名建築師），店裡的商品也都是用建築師的名字命名，比如，草莓冰淇淋餅乾的名字是法蘭克．蓋瑞（美國知名後現代主義及解構主義建築師），香草巧克力豆餅乾的名字是密斯．凡德羅（德國知名現代主義建築大師之一）。建築和美食在這家小店完成了美妙的融合。

塔莎看待失業的態度和約翰相同，他們都能繞開其中的資訊陷阱。失業製造了問題，但問題下面也埋藏著無限機遇，只是大部分的人思考都停在失業所製造的問題上。「就業和收入」是一個假問題，真正的問題是她的事業觀，但前者使她痛苦了許久，將她困在一種想不開的狀態。有的失業者在苦苦尋求生存，有的失業者則藉此機會發現了自己更好的才能，決定這種區別的，是人「識別能力」的高低。人們不僅要識別成功的含金量，更要識別造成失敗的問題的真假。

二〇〇八年，塔莎在加州大學幫自己的導師做建築學課題時，就有將美食與建築相融合的想法，如今，失業使她的這一想法得以實現。

剛被公司裁員時，塔莎很傷心，而且在經歷了十幾天的彷徨和絕望後，還差點因收入下降引發家庭矛盾，因為她在設計公司三分之二的收入需要供應弟弟妹妹的學費和父母的生活費。假設她是芭芭拉那樣的女性，眼中看到的全是「壞消息」，腦中的想法是「事情太壞了」，那她思考的目標便不再是「如何解決問題」，而是「如何逃離這個環境」。她可能會離家出走、與親人反目，然後瘋狂地向其他設計公司投遞履歷。幸運的是，她不是芭芭拉。

二〇一八年三月，塔莎和埃斯特里拉開著冰淇淋車，出現在加州的科切拉山谷音樂藝術節上，為觀眾和遊客提供餐飲服務。他們的啟動資金很少，改裝汽車、購買材料和設備總共只花了一萬美元。一年後，塔莎的庫哈斯已開始向加州的食品超市進軍。

擁有強大的辨別思維能力，就是可以將資訊進行排序和規律化，發現這些資訊背後真正的問題，降低解決問題的時間消耗和認知成本，減少不利影響，高效達成目標。

強大的辨別思維能力包含：①掌握盡可能多的事實；②掌握相關領域的基本知識；③熟悉各種思維邏輯。總結這三點，就是在為思考建立「清晰的概念」。一個人想要同時具備這三點其實很難。

對於第一點，人們對已經存在的事實很少進行理性的推敲和辨別，人云亦云；對於第二點，人們缺乏專業的基礎知識，無法分清資訊的對錯；對於第三點，人們缺乏思維邏輯訓練，思維邏輯存在巨大的漏洞。

不要急著解決問題，應該先識別自己「到底要做什麼」。人們關心成長，不關心方向，就連成功公司的老闆有時也不能避免。我在美國拜訪了一些企業的首席執行長，其中聯合飼料公司的總裁說：「為什麼我們公司的成長夾角只有幾度，中國公司的成長夾角卻超過九十度？」

中國公司成長迅速，而自己國家的公司卻成長緩慢，這在美國公司看來是一個急需解決的問題。該怎麼回覆他呢？如果我告訴他中國公司只是運氣好，似乎有羞辱對方的嫌疑，因為對手僅憑好運氣就能比你快；如果說實話，他未必能聽進去。在識別自己真正目標的問題時，人們都心知肚明，但佯作不知。可是，要想得明白、做得明白，就得先離開問題，轉而面對自己的內心。

只有辨認和去除干擾資訊，才能進行清晰的思考。我曾發過一則動態：「雨終於停了，我一邊吃藥一邊看新聞，考慮明天會議的主題。」在收到的回應中，有的人關注到我在吃藥，問我是不是病了；有的人關注到我在看新聞，問我看的是什麼新聞；有的人關注到我明天有一個重要會議，問我開會的內容；還有的人關注到天氣變好了，給我點了一個讚，並約我出去打球。但哪一項資訊是我最想表達的呢？他們並不清楚。如果分開講述這句話，人們便不會有這個煩惱。所以識別干擾資訊的原則是：抽離出問題後，盡量減少無關資訊。無關資訊和干擾因素越少，方向就越明確。無關資訊的影響及副作用極大，它不僅增加了思考的干擾，還降低了思維的有效性。因此辨別和去除它，也是思考中重要的一步。

像精明的「貿易商」一樣思考

所有的商業問題，都是「供需決定一切」。在思考商業的本質時，要注意識別哪些是次要資訊（次要影響），哪些是核心資訊（主要影響）。美國聯合飼料公司的總裁認為是中國公司的競爭導致了自己公司的衰落，這就是誤解了商業競爭本質的表現。

在談論投資市場時，我喜歡把自己當成一個貿易商，貿易思維比投資思維更接近市場本質。在購買產品時，我必須對這個產品未來價格的走勢有良好的判斷和準確的把握，畢竟誰也不想虧錢。我對判斷產品的價格走勢很感興趣，就像分析事物的成長前景，但必須學會研究你選中的這個產品上下游的供需關係，根據供需關係判斷價格走勢，而不是關注市場上有利或不利的新聞和八卦消息。

在商業領域，供需關係決定著價格，價格的趨勢又源於供需的動力，市場上的任何變化其本質都是「供需關係」的變化。只要抓住了這個核心，就看透了商業的本質，便能精準地解決商業問題。

例如，二〇一七年中國的雞蛋市場劇烈波動，許多養殖戶連續虧損半年以上，長時間的虧損導致一大批養殖戶被市場淘汰。養雞的人不斷減少，到鄉下收雞蛋的商販在五六個村子裡轉悠一天也收不滿一車（原來一個村子就能裝滿一車）。站在價格的角度思考，這個市場已經死了，誰進來誰是傻瓜，和雞蛋有關的股票都是垃圾股；但站在供需關係角度思考，看到的卻是另一個市場：雞蛋供不應求的局面將要開始了。後來發生的事情投資者都清楚：雞蛋的價格止住跌勢，轉而飛速上漲。

當需要搜集一定的資訊來識別問題、做出決策時，如果有成熟的邏輯框架，就可以讓資訊通過邏輯框架進行識別，以降低決策錯誤的機率，提高自己的資訊接收率和表達率。沒有成熟的邏輯框架，會增加辨識成本，導致思維漫無邊際地發散，離本質越來越遠。為什麼我主張思考時一定要像貿易商？因為成功的貿易商是這個世界上最懂得抓住事物核心的人，而抓住了事物的核心要素，就抓住了正確的方向。

尋找「確定性」的本質

我時常提到一個詞：確定性。在第二章介紹資訊的定義時已經提到：「不是一個確定的YES，就是完全的NO。」這是告訴讀者在分析問題時不要模棱兩可，一定要100%精確。什麼是確定性？就是對問題的本質進行精確定義，並指引你的思想和接下來的決策和行動，這樣的思考才叫作「深度思考」，也叫「有效思考」，否則只是碰運氣的瞎想而已。

就像炒菜，蕭亮昨晚炒的豬肝色香味俱全，為什麼妻子依然暴怒，讓他跪洗衣板？這是因為他放多了鹽，違背了妻子「炒淡一點」的指示。「炒淡一點」才是這盤菜的核心目標與本質，「色香味俱全」只是錦上添花。前者錯了，後者非但一文不值，還加重了蕭亮的「罪惡」，他違反「上級」的指示故意炫耀自己的廚技，那就只能向洗衣板兜售自己的炒菜經驗了。

所以，「抓住問題的本質」是識別的第一要點。抓住一個事物的核心本質，就是抓住了「確定性」，獲得了一個確定的YES，這樣，前面已經做完的事和後面即將做的事情才有價值。如果不能識別問題的本質，則所有的努力都會像三流股市投機者的結局一樣悲慘。這是因為，他們大多數時候思考的是一個假命題，就像蕭亮跪洗衣板之前，在廚房上躥下跳大展身手時的志得意滿一樣。

3

深度思考養成第三步：辨別

論證，用對比的方式展開分析

對比，是最能幫助人們發現問題的思考方式和論證手段。

假如你和朋友都非常贊同一個觀點，你們異口同聲，討論得十分激烈，你也確信自己的表述會獲得朋友的贊同。但你們觀點一致這事是否太過巧合？第一種可能，你們確實心有靈犀，觀點一致；第二種可能，事情並沒有這麼巧合，你的觀點（包括你朋友的觀點）都是從別人那裡聽來的，你相信了它，並把對方灌輸的觀點當作了自己的思想，沒有進行過對比論證；還有第三種可能，即這是你通過獨立思考得出的觀點，恰巧與大眾的主流觀點一模一樣——最後這一種可能出現的機率不亞於一隻猴子能自己鑽研出電腦作業系統的代碼。

人的思維分為經驗思維和理論思維。前面講的例子是經驗思維和理論思維的中間地帶——經驗和理論共同發揮了作用，但又放任自流，不負責任。於是，大腦不清楚這是經驗提供的結果，還是理論創造的產出；有時你覺得自己的某個觀點是從別人那裡得來的，有時又覺得是經過了自己深刻思考的自創觀點。經驗可以通過學習獲取，理論可以通過實踐獲取，但如果沒有不同觀點的對比，沒有相反資訊的對照，實踐和學習對思考的功效也就起不了積極的作用。

思維中的哪些功能是可以訓練的呢？外國友人說了幾句英語，你沒有吸收到多少資訊，但又不好意思讓對方再重複一次，這意味著你思維遲緩，反應速度過慢，造成了資訊吸收的低效。不過不用擔心，因為這是可以訓練的，除非你是英語白癡，否則總能通過練習，加強對英語的吸收和反應能力。你可以在訓練中儲備足夠的反應樣本，減少加工同樣訊息所需的時間，重複的次數越多，清晰地獲得對方資訊的能力就越強，反應速度也就越快。大腦的這部分功能是通過一個程序性過程實現的，完全可以通過優化程序來提高，但是對事物觀點的判斷、分析能力，是很難通過訓練獲得改善的——尤其是還借助了經過別人包裝的經驗。

將對比論證推向極限

古代製作地圖的工匠會故意畫錯一個無關緊要的地方，如果你製作地圖時的錯誤跟他的一樣，說明地圖不是你獨立製作的——工匠很聰明，他深知人們依樣畫葫蘆的心理。因此，對比，是最能幫助人們發現問題的思考方式和論證手段。

蕭亮的書房掛有一幅字：「每個人都認為自己具有獨特的品味，別人的都是大眾品味。」雖然字寫得不堪入目，但傳達的意思讓蕭亮覺得很多人都是自戀的，不喜歡被比較，喜歡被肯定。

對於「美麗」的標準，真的是「你自己」認為的那樣嗎？你可以把腦海中關於美麗的標準寫在一張紙上，然後用十分鐘想一想，這些標準中哪些是你獨特的審美，哪些只不過是社會的認同。我再把這個問題推向極限：如果全世界只剩下一個男人和一個女人，女人會怎麼打扮自己？你又會如何要求女人呢？還會是現在的標準嗎？

一旦把問題其中一面（某些觀點）的分析推至極限，再去論證這個觀點背後的邏輯，很多「真實的謊言」便不攻自破了。回顧整個人類歷史，女性的審美為迎合同時代男性的審美，而在不斷變化著。今天男性對女性的要求，也恰恰是社會的要求，是人們互相跟從的結果。每個時代都是這樣，這不是巧合，而是人的個性思維融入社會思維的展現。換言之，社會層面的審美標準是所有人淺思考的總和。

流行往往萌發於人群的無意識跟從，獨立思考來自人和人的有意識對比，因此，獨立思考者和人群是有距離的，數量也是成反比的。人群的基數可以很龐大，但獨立思考者不會隨之增多。而成為獨立思考者的前提是，我們必須做到與別人進行有意識的對比，不是別人告訴我們應該相信什麼我們就相信，而是我們對比之後才選擇相不相信。要善於用「推向極限」的方式去對比分析問題，然後用放大鏡審視、尋找其中是否存在漏洞，怎麼做呢？以下兩點說明：

第一，將相關條件設置到最大值，看看會發生什麼。比如，你對男人和女人的審美標準是基於樣本的無限（社會思維），還是樣本的唯一（獨立思考）？只要修改條件就能推導出來。在極限條件中不成立的觀點，在通常條件下也不能成立。

第二，假設一個對立的B結論，看看能否與A結論的條件相符。比如你認為明天股市會反彈，並列出了幾十條論據，如果別人做出的「明天股市會繼續下跌」的結論中，有一半的論據與你的論據有交集，那你的結論就是「不確定」的，便可以視為一個完全的NO。

沒有實際調查，就不要妄下結論

我見過不少教條主義的企業管理者，有的制度至上，絲毫不考慮彈性；有的聽風就是雨，從不了解一下其他管道的資訊便急於決策；有的只迷信最後的數據，卻對數據的來源不加審核。沒有調查就沒有發言權，離開調查和不同資料的對比，就會產生嚴重脫離實際狀況的思考和決策。

所以，很多教條主義的企業管理者都是唯心的。和這些人交流時，我都會禮貌地表述我一貫的主張：讀書時要結合「有字之書」和「無字之書」，決策時要結合「思考結果」與「調查結果」。既要善於思考和分析，又要跳出思考，用實際調查進行對比論證，也就是常說的「理論聯繫實際」。不過，他們對這個主張的反應大都是謙和地點頭稱是，然後冷漠地置之不理，還有小部分的人想要反駁這個主張，我只好藉故走開。

我再重複一下重點：

第一，從對立的角度思考和理解事物。比如讀書，要把書中寫到的觀點、人物、事件摘出來，把某些觀點、人物、事件與其對立面聯繫起來，進行對比的思考和理解。白話來說，就是「不要聽一家之言」。

第二，結合實際應用，連結現實進行分析。實際的應用即「調查資料」和「現實反饋」。這一原則的具體要求是，跳出單一的、書面的思考和決策，與現實結合，進行論證分析。不僅要有自己的看法，還要有所行動，把思考運用於現實中，通過和現實執行結果的對比，修正思考的不足。在本書的第七章「反饋」，我會詳細介紹如何執行這一步驟。

4

深度思考養成第三步：辨別

堅定，不要偏離最初的目標

要掌握「有始有終的技能」，為了實現目標，要握好方向盤，小心翼翼地識別路線，沿著主幹道前進。

為什麼「聰明人」死在了門外？

二〇一八年，日本關西地區發生地震，有位鋼鐵公司的經理為了躲避地震，和行人一起鑽進了一棟大廈的地下避難所。避難所擠滿了人，氧氣稀薄，呼吸困難，但大家都耐心地待在裡面，誰也不敢亂動。第二次震動過後，這位經理忽然覺得躲在地下實在太不安全了，應該轉移到外面的空曠地區，隨後他勸說其他人和自己一起出去。人們說：「小心不為過。」他嘲諷道：「等避難所塌了，你們連跑的機會都沒有。」於是，他在大廈門口探頭觀望一陣後便跑了出去，街上警報亂鳴卻空無一人，他剛要過馬路，就被大廈掉落的一塊玻璃砸中，不幸身亡。

這個故事被一位日本記者記錄下來，發表在當地的社區論壇上，引發了人們的討論：堅持待在室內的「笨蛋」毫髮無傷，想出去換個地方的「聰明人」一出門就倒下了，死在了寬闊的馬路旁。思維活躍是優點，聰明也不是缺點，但在特定的時刻，達到目的靠的不是聰明，而是看似愚笨的堅持。躲避地震的危險是這樣，提高工作能力乃至經營家庭也是如此，所以要時刻記住你最初的目標，堅定思路，不要偏移，你會比聰明人更快獲得成果。

這些年我總結出一個經驗：別把時間用在跟錯誤對象的辯論上。當教條主義的企業家試圖用他們的真理打倒我時（他們擅長辯論，沉醉於口舌之爭，不會放過任何一個演講的機會），我選擇低頭認輸，快點溜走，否則就會成為他們傾倒「垃圾」的倉庫。如果你不懂得辨別哪些聲音是有益的，哪些觀點是在浪費時間，你的思考就可能在別人有意無意的引導下脫離正軌，你會覺得自己錯了，想學習其他人做些改變；你變得容易放棄已被證明正確的思路，成為一個不夠堅定的人。也許到最後才發現，你的想法和處境已經不由自己掌控了。

人們都有自己最初的目標，且有著形形色色的差異，但不是「成為聰明人」或

「變成笨蛋」這種區別。要掌握「有始有終的技能」，為了實現目標，握好方向盤，小心翼翼地識別路線，沿著主幹道前進——

第一，鎖定航向，需要一個功能正常的「羅盤」。「羅盤」是大腦中的思維指揮官，是人們進行步驟性思考與方向控制的中心樞紐。它的功能表現在三個方面：①堅持主見的能力；②分析他人建議是否合理的能力；③階段性調整思考的能力。其中第三點最為重要。在經過長期深入思考而疲憊之後，我們在面對資訊和條件的變化時，最容易犯的錯誤就是，不知道目前的想法和行動是否依然符合預期，所以常常不知不覺偏離了方向。要讓大腦的「羅盤」正常工作，就要鍛煉這三個方面的能力，缺一不可。

第二，當航向不得不改變時，要有強烈的「動機」。我在美國創業的時候，經常感覺人們無法握緊自己的「羅盤」，甚至常被它左右，無法堅定地貫徹自己的思路，是因為大環境發生了改變（這個改變是根本性的，不容抗拒）。大環境的改變是讓人們放棄原有目標的主要因素，你不得不另尋出路。在必須改變航向時，需要類似的強烈「動機」——把外力轉化為內力，驅動自己設計新的路徑。我反對的是像那家鋼鐵公司的經理那樣，自以為聰明地放棄一個安全的方案，把自己置於不利的境地。

把想法貫徹一年，再思考「對不對」

前面提到的西雅圖建築設計師約翰是一個意志堅定的人，他懷著「賺到足夠收入的同時，又不放棄自己專業」的目標，採取了創新的工作方式。他沒有吃著便當倒臥在沙發上抱怨，或酗酒度日，而是重整旗鼓，把「辦公室」擺到了馬路上。在這種別開生面的工作方式下，不到一年，他便接到了很多邀請，比如請他設計別墅、平頂房屋、臥室或私人花園等，他還沒來得及思考自己的做法「對不對」，財富便滾滾而來。

在第一年的八個月中，約翰賺了七萬五千美元，不但還清了失業後所欠的貸款，還為芭芭拉買了一條項鍊。在設計所工作時，他從未得到過這麼高的報酬，這是他人生首次體會到思考的價值。他為自己打開了一個充滿魔力的盒子——他的大腦，他希望未來可以做得更好。他說：「只要堅持，情況就能朝你預想的方向發展。我現在忙得嚇人，有一個禮拜沒照鏡子了，但是我熱愛這個工作的每一分鐘。即使現在有人許諾我一年十萬美元的年薪，讓我回到設計公司坐到電腦前工作，我也不會接受的。」

唯一的遺憾是，雖然芭芭拉不再怨天尤人，但關於工作的問題他們仍然聊不到一塊兒去，芭芭拉每日幻想著丈夫可以重回高級辦公大樓，約翰卻很堅定地要把目前的思路發揚光大。

深度思考養成第三步：辨別

5 掌控，從問題中挖掘機遇

人生成果的取得是靠拚命「挖掘機遇」，還是靠努力「解決問題」呢？其實都不是，最關鍵的是對問題和機遇的理解。

一九八〇年代有個姓王的人，他當時在讀大學。一天晚上，他不小心碰倒了熱水瓶，瓶膽摔得粉碎，第二天，他跑了許多商店想買一個瓶膽換上，結果都被拒絕了，理由是：「熱水瓶是一整個賣的，不單賣瓶膽。」

他一氣之下，回到宿舍想寫信給校長反映，在構思信的內容時，他突然想到：「既然學校和附近的商店都不賣熱水瓶瓶膽，我為何不做這個生意呢？這是學生普遍遇到的麻煩，不知有多少同學因為打爛了瓶膽而只能買個全新的熱水瓶，這太不划算了，這可能是個大市場。」

從中看到商機的小王說做就做。次日，他跑到批發市場進了三十個瓶膽，在學校的食堂門口擺了一個攤位，不到一小時就被一搶而空。他又去進了六十個，很快也賣光了，小王興奮地加大進貨量，還聘請了幾個同學幫他去其他學校推銷。幾個月下來，他賺了四千元台幣，在一九八〇年代，四千元是一大筆錢，那時一個家境優渥的學生平均一個月消費也就八十至一百二十元。

很快，小王成了校園裡小有名氣的「企業家」，這要歸功於「瓶膽事件」給他的啟發。在這件事中，小王先看到了問題，然後從中發現了機遇。看到問題時，他是被掌控者；發現機遇時，他成了掌控者。他說：「問題和機遇不是分開存在的，它們是融為一體、不斷轉換的。問題和機遇在互動，它們在不同的眼睛面前展現出不同的形態。熱水瓶瓶膽壞了，有人會把這事當作一次小災難，不會多想，花錢買個新熱水瓶就作罷，幸運的是我多想了一層，問了句為什麼，然後我就掌握了主動權。」

人生成果的取得是靠拚命「挖掘機遇」，還是靠努力「解決問題」呢？其實都不是，最關鍵的是對機遇和問題的理解，這決定了人們能否在思考這件事情時掌握主動權。一般而言，人們在解決問題的過程中最希望的是恢復正常秩序，比如，打壞了熱水瓶瓶膽，趕緊換一個新的；失業了，馬上找一家新公司去面試；這檔股票賠錢了，就買其他股票賺回來，諸如此類，極少有人考慮到另一面：我為何要恢復正常秩序？我能創造一個新秩序嗎？思考的掌控力就展現在這個時刻——我們對問題和機遇的「互動理解」，即從事件本身看到的是什麼，以及如何調整自己的狀態，制訂最佳決策。在不同的情境中，事件發出的訊息（信號）和你接收到的訊息（信號）也不同，我想看到的是，你能擺脫自身的陳舊思維對自己潛能的限制，從問題中挖掘機遇，創造無限的可能性。

我再總結重點如下：

第一，人生成果的取得既非來自於「挖掘機遇」，也不是靠「解決問題」，而是來自於人們對問題和機遇的「互動理解」。

第二，在解決問題的過程中，本書所起到的作用僅僅是幫助讀者擺脫舊思維對潛在能力的限制，給予讀者無限的選擇，除此之外做不了其他事情。

第三，能否從問題中挖掘出機遇，關鍵要看你如何理解眼睛所看到的事物，是被事物掌控，還是及時地掌控事物。成為掌控者，思考才會有深度。

第五章

深度思考養成第四步：篩選

1. 取捨，分開無用的 90%與高價值的 10%
2. 勇氣，放棄「二者兼得」的奢望
3. 止損，向沉沒成本說再見
4. 重組，將資訊重新組織，賦予其新的意義
5. 界限，畫線才能贏得思考的自由
6. 清除，刪掉影響思維運轉的雜念

1

深度思考養成第四步：篩選

取捨，分開無用的90%與高價值的10%

取捨的目標就是找出高價值知識和資訊，它們的佔比不會超過10%，含量少卻意義重大，是影響生活和工作的決定性因素。

履歷資料的取捨

三十八歲的理查·查克住在加州西部海岸的一個小鎮，一年前丟掉了技術經理的工作，原因是客戶撤銷了幾個大專案導致公司大裁員。這個年紀失業對男人的打擊是災難性的，他有妻子和三個孩子要養活，還有一棟兩層樓的房子貸款要還。找不到新工作就得去死，查克對此確信無疑，所以他像瘋了一樣投遞履歷，兩個月內發出了近兩百三十份，申請那些他完全能勝任的工作。他很樂觀，因為自己既有能力也有資歷，但他投了這麼多履歷只得到過一次面試機會，他中意的那些優秀公司卻沒有給予面試通知。

唯一的一次面試失敗之後，理查心灰意冷，開始過另一種生活。他把大部分時間都用來照顧孩子，偶爾才申請一次工作，可每次都鎩羽而歸。他漸漸地不再抱什麼希望，認為這輩子就這麼過了。「我覺得生活就這麼結束了，沒了收入，眼前是無窮無盡的瑣事，但是又必須保持積極向上的態度。上帝幫我們設置了很多門，但你永遠不知道什麼時候門才能打開，因為上帝沒給你門卡。」直到有一天，舊金山的一家公司打電話給他，他才明白問題出在哪裡。

理查興沖沖地趕到這家公司的人力資源部，等著面試他的是一個矮胖的禿頂白人——該公司的技術總裁小湯姆（公司創辦人的兒子）。小湯姆是一個懂技術、喜愛技術人才的人。理查很幸運，從高階管理者嘴裡聽到了真心話：「夥計，你不能這麼寫履歷！人事經理不喜歡資歷，你要寫一些讓他們在十秒內就能對你感興趣的東西，比如你會做什麼、想做什麼。你不要指望人事經理能從你的資歷和學歷中發現你的特長，他們沒這興趣，也沒這時間，因為還有成千上萬份的履歷等著挑選。」

理查明白了，這一年來自己找不到工作不是他的能力不行，而是他不擅長製作履歷包裝自己。查克的履歷內容豐富，像個萬花筒，連七歲時發明自動開瓶器的事情也寫上了。他的學歷十分優秀，從小學到大學，拿下了一張又一張證書；他的資歷也十分出色，是資深專業人才。但這恰恰壞了大事，他的履歷不夠簡潔有力，用人單位無法在第一時間對他產生興趣，也沒精力仔細閱讀和分辨履歷背後的資訊。

如何撰寫求職履歷對本章的主題來說是一個很有代表性的例子，比如履歷上資訊的取捨、主次的排列這兩件事就比學歷與資歷更能決定求職的結果。一份好履歷，需要把高價值資訊用最短篇幅和最精簡的語言寫出來：①我擅長什麼；②我為什麼擅長；③我想應聘哪個職位；④我對薪水的要求。

最簡單的原則是，製作履歷時一定要做到「資訊取捨得當」，取捨能力的強弱，決定了你是否能掌控資訊。有些人的履歷在「教育背景」大做文章，羅列自己從小學到初中、高中再到大學的每一段學習經歷，參加了什麼課外活動、組織和獲得的大小獎項等，但對工作和特長部分（高價值資訊）僅一筆帶過，描述極少。我還發現人們喜歡在履歷中寫「希望」和「鍛煉」這種字眼——他們不清楚的是，招聘公司的人事經理最討厭看到的便是此類資訊（代表這個人是來學經驗的）。

許多看似有用的資訊，其實毫無價值

蕭亮參加公司部門會議和審批某些匯報時，總會感到強烈的憤怒，因為下屬上交的文件經常讓他摸不著頭腦。明明三言兩語就能講清楚的專案，下屬卻雲裡霧裡講了整整九頁，他懷疑自己的下屬根本摸不清重點，連一張款項申請單都能寫得洋洋灑灑。作為主管，一定得學會提取關鍵資訊，不然下屬講不明白的事情，你都拿捏不準該如何決策。

與其說今天是資訊爆炸的時代，不如說資訊已經成為一種能自我繁殖、有組織紀律的新生「生物」。海量的訊息時時刻刻撲面而來，微博、臉書等媒體向人類社會散發無數的資訊和知識——以人類為載體進行「自生產」，這些資訊看起來似乎都很有用，但看完了你會覺得自己什麼都沒學會。這是因為，少量的高價值資訊分佈在大量的低價值和垃圾資訊中，它們跟你來了一場混合雙打，逼迫你全盤接收。資訊把自己包裝得很好，它們真誠又狡詐，充滿活力且無孔不入，這時你該怎麼辦？

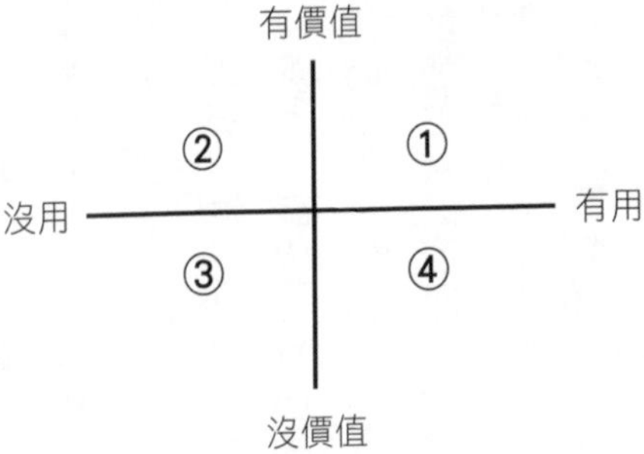

運用「知識四象限」

「知識四象限」的畫分方式可以幫助人們選擇對自己有用的高價值知識和資訊。在吸收資訊之前，篩選是必不可少的工作，面對海量的資訊，首先要分辨它們的價值，判斷哪些是對自己有用的。

「知識四象限」的分類有四：①有價值且對你有用的知識和資訊；②有價值但對你沒用的知識和資訊；③沒有價值對你也沒用的知識和資訊；④沒有價值但對你有用的知識和資訊。

「知識四象限」的運用原則說明如下：

第一，把時間、精力優先用於「有價值且對你有用的知識和資訊」上。比如，思考工作、專業知識、參考資料、行業新聞、政策變化等。取捨的目標就是找出這些高價值知識和資訊，它們的佔比不會超過10%，含量少卻意義重大，是影響生活和工作的決定性因素。

第二，暫時忽略「有價值但對你沒用的知識和資訊」。比如你是一名普通工程師，並沒有向音樂界、考古界、物理界進軍的野心，就沒有必要大費周章地考慮這些知識，而應暫時忽略它們，等有需要時再予以關注也不遲。

第三，直接遮蔽「沒有價值對你也沒用的知識和資訊」。比如蕭亮的狗什麼時候死、娛樂八卦、非洲窮人數量、白宮趣聞等，這類資訊可以直接遮蔽。在大部分的重要思考中，它們不必列入參考，因為它們並不是產生決定力量的因素。即使可能用到它們，也是在休息和休閒之時。

第四，儲存「沒有價值但對你有用的知識和資訊」。例如捷運路線、每日待辦事項、生活繳費方式、周邊商場等，它們有時會用到，但並沒有什麼價值。對於這類知識和資訊可以記錄儲存下來備用（方便查詢），但不需要現在就投入精力。

2

深度思考養成第四步：篩選

勇氣，放棄「二者兼得」的奢望

只有捨棄了垃圾資訊和無用資訊，只攝取有價值並對自己有用的訊息，才能掌控自己的思維。

人和人最大的差別是「克制力」

有一天，蕭亮因為下屬寫滿廢話的垃圾報告準備發怒時，他先想像下屬敲了自己辦公室的門，俯首貼耳過來聽從指導，而他立刻一臉陰沉地將桌上的報告砸過去——不，最好是將水杯、簽字筆或筆筒等雜物扔得滿地都是，嚇得外面的員工也全身僵硬，不敢喘一口大氣。這麼做的好處是，下屬馬上便明白蕭亮是一位惹不起的上司，以後沒人敢寫一堆無用的東西來敷衍他。

他當然沒有這種勇氣，他每年在辦公室有上百次發怒的衝動卻從沒實施過一次。由此他想到了另一個問題：醫生、工程師、律師、教師、編輯等職業在人和人之間有什麼差別？是什麼因素決定了醫生的優秀和差勁、律師的高明和愚蠢這種涇渭分明的結果？結合自己的經歷，蕭亮得出一個結論：不同行業的人，諸如教師、醫生、律師的天賦是一樣的，其差距沒有大到優秀和差勁、高明和愚蠢這種涇渭分明的程度，人與人之間真正有差別的是「克制力」的不同。

下面這段話，蕭亮寫進了自己的工作日誌中：「人們都是從學生時代過來的，能闖過職業考試的人都是優秀的，也是刻苦勤奮的，而且人們工作後依然在學習。但問題是人們面對資訊的克制力有所區別，有些人能精簡地挑選資訊，有些人則來者不拒，什麼都想擁有。於是，前者可以術業有專攻，某方面的能力特別強，後者便更多地表現出平庸的特質。」

思考，要用減法，不是加法

我不喜歡看大人物的自傳，我一直認為花幾百元就想買到大人物的經驗是天方夜譚，大人物的思想、經驗從不寫進自傳，而是藏在受他影響的人的心中。但蘋果公司的聯合創始人史蒂芬・賈伯斯在自傳中說過的一句話我很認同，他說：「我們不要那一千個主意！」在頑固的賈伯斯的理念中，他要設計的產品不能添加更多功能，要盡可能精簡。

比如，iMac 電腦上市的時候，蘋果公司未為其配置軟碟機。儘管當時軟碟機已經不是不可或缺的配件，但大多數廠商仍然不想去除它。在電腦設計理念中，沒有它顯得怪怪的，就像闌尾對人體已經沒什麼作用了，但造物主還是不想在基因中消滅它，人必須帶著闌尾才是個完整的人。蘋果公司的設計人員也希望保留，理由是：「我們知道它將被淘汰，但最好不要讓我們來做這個劊子手，也許還有相當多的消費者喜歡這個功能。」

賈伯斯對這個問題的回答是毫不客氣的：「你們聽好了，我知道你們對植入的這些功能可能有幾千個很酷的主意，當然我們也能做到，不過，我們不要這些主意，那種東西太寒磣了。創新不是對一切都說 YES，而是保留它最重要的功能，對其他的一切說 NO。」

這就是我喜歡賈伯斯的原因！當他固執又勇敢地刪掉這些配置後，他的極簡主義設計理念幫助蘋果公司大獲成功，進而走向神壇。這種做法迎合了人們在現代社會中的審美，也符合人類對於未來的正確思考方式，因為在工業時代，人們早就過慣了繁瑣複雜的生活，沒人願意在手機上還要忍受這種痛苦。

人類在生活和工作中都有給自己做加法的習慣，考慮事情總是傾向採取疊加思維的方式，不想放棄任何東西。不僅賺錢是這樣，對待資訊也是如此。錢越多越好，房屋裡的家具越多越好，產品的功能越多越好，供參考的資訊也越多越好。有了一份工作，還想有車子和房子；有了車子和房子，還想有更多的錢；有了更多的錢，還想換掉車子和房子。疊加是主流的思考模式，人們迎合內在的需求，希望滿足所有欲望，不僅想二者兼得，甚至還想三者四者兼得，但是，考慮得越多，就越難實現自己的目標。

社會需求的多樣化與物質供應的強大讓人們的生活與思考空間擁擠不堪，看似應有盡有，實則失去了生活本身的意義。

臉書（Facebook）創始人馬克·祖克柏是我喜歡的另一位商業精英。他和賈伯斯一樣，也是極簡主義的信徒，他的房間裝修很簡單，衣著也很樸素，甚至不管去什麼場合，都只穿一雙拖鞋，開一輛「很一般」的汽車。他有勇氣放棄不需要的東西，這使他有精力鑽研重大事項，實現更大的價值躍升。

給資訊做減法的好處是，它能讓我們對重要問題保持必要的專注，捨棄不相關因素。在拋開那些你並不怎麼需要的東西（無關資訊）以後，你會發現自己可以將全部的能量都投入在最重要的事情上，直到把它做到最好。只有先做減法，才能篩選出核心資訊，然後集中地思考與強化主要環節。

用「斷捨離」篩選資訊

「斷」、「捨」、「離」是整理資訊的三個有效方法。這三個方法除了可以用於整理房間、制訂工作計畫以外，對知識和資訊的整理也有巨大的作用。不能「斷」，你便有累贅；不能「捨」，你便有負擔；不能「離」，你便不能輕裝上陣。不過在此之前，你首先要擁有敢於放棄「二者兼得」的勇氣，別妄想十全十美，也別為自己留太多備份。有了專注的心態，你才能產生足夠強大的勇氣。

「斷捨離」的具體做法有三點：①斷掉與不良資訊的通道；②捨棄無用資訊；③驅離干擾資訊。

面對海量資訊，如果讓它們全部進入你的世界，將會干擾你的思考和精力，影響決策的效率。比如一個被垃圾報告折磨得頭疼的上司，一個讀書不知取捨的學生，一個因為想得太多而憂思重重的中年人，不懂得「斷捨離」，就一定會陷於淺思考，無法抓住事物的核心要素，也無法快速做出正確的決定。

只有捨棄了垃圾和無用資訊，只攝取有價值並對自己有用的資訊，才能掌控自己的思維。

3 止損，向沉沒成本說再見

深度思考養成第四步：篩選

過去的不可能更改，不妨將其從「決策參考因素列表」中抹去，設想自己每一次的選擇都是「從零開始」，只做對自己的將來最有利的事。

沉沒成本的定義是：過去已經發生的決策，導致不能由現在或者將來的任何決策改變的付出（成本）。人們做出一個決策，並為這個決策付出了心血，將來在決定是否去做一件事時，不僅會看這件事所帶來的好處和壞處，還會參照自己在這件事上付出的成本與投入程度，這就是沉沒成本對人的思考和行為的影響。正如結婚鑽戒，它不單單是一枚鑽戒，還代表了青春、精力、感情、金錢、關係等其他物質和精神成分。

在經濟學和商業決策中，「沉沒成本」經常被提到，不可收回的付出往往驅使人們堅持之前的決策，繼續投入資源，並維繫過去的關係。

蕭亮的沉沒成本

蕭亮的衣櫃裡有一件灰色外套，買下它是有原因的。那天，他在商場逛了三小時也沒找到滿意的衣服，卻又不甘心白來一趟，便隨便買了一件匆匆離開。回去後，他穿上衣服去見客戶，才發現它根本就不適合自己，客戶對這件外套的評價客氣又不失蔑視：「看上去很不錯，但是不是有點太暗，不符合您的氣質呢？」蕭亮聽了很不爽，但第二天還是穿著它去上班了，因為他覺得這是自己付出三個小時、花了近三千塊台幣買的外套，如果穿一次就扔掉，實在浪費。於是，他穿著這件彆扭的灰色外套在公司晃悠了好幾天，才心情鬱悶地把它深深壓在了櫃底。

用經濟學家的話說，蕭亮在這件事上連續犯了兩次同樣的錯誤，他買下這件灰色外套，只因為不想辜負已經浪費的三小時；把它穿在身上好幾天，只因為自己不但為它付出了三小時，還花了不少錢。這屬於「沉沒成本謬誤」，是行為決策學的概念，就像維持一段沒有感情的婚姻一樣，為了婚姻付出的所有時間、感情和金錢，都會變成維繫破碎婚姻的沉沒成本。

從人類正常的思維模式來看，人們在判斷是否要做一件事情的時候，應該只考慮兩個因素：①這件事將為我帶來多少好處；②我需要為這件事付出多少成本。

「理性人」會根據這兩個因素的答案做出決策，但糟糕的是人們很難成為「完全的理性人」，大部分人還是習慣考慮之前對這件事的投入。這些投入不管對錯，已經不可能再收回了，所以人們傾向採用的邏輯是：投入得越多，接著做這件事的態度就越堅決。因此，當經濟學家和薦股人在熊市大力鼓吹你繼續持有某檔股票時，你要想到他們很可能比你套得還多，你要理解他們說謊不臉紅的苦衷。

事實上，蕭亮逛了三小時的商場，他花費掉的時間和精力，還有由此導致的腰痠腿痛、腹中飢餓、兩眼昏花等全是既成事實，這些成本「沉沒」掉了，無論如何也不可能再收回來。那麼，當他決定要不要購買那件灰色外套時，就不應該再考慮這些因素，而僅僅需要分析外套的品質能否給他帶來應有的收穫——客戶的滿意度、價值與價格的匹配度、自身的穿衣體驗等。

也就是說，在做一個至關重要的決策時，不僅需要篩選當前資訊，還應篩選過去產生的資訊，將有可能產生負面影響的資訊隔絕在大腦之外，僅需比較「下一步行為」需要付出的成本和未來的收益，把過去的付出（成本）視為一種「確定的數值」，以免它影響後面的思考。但不得不承認，大多數人無法成為「完全的理性人」，充其量只能做到「亞理性」，所以蕭亮的灰色外套還是有被穿出來的機會。

為什麼捨不得「沉沒成本」？

人們為什麼捨不得「沉沒成本」？用「認知一致」的心理學理論來說，這是因為人有一種「天然維護自己」的傾向——人們對行為對象的認知（包括觀念、態度、價值、評價等）和實際採取的行動之間總是需要保持一致，不然就會不舒服。通常，人們先是大腦形成認知判斷，其次做出決定，最後採取行動。所以，多數人總是在做「自己認為正確」的事情，一旦做出決策，不到萬不得已便不想輕易推翻（否定自我）。比如抽了二十年菸的人，明知吸菸有害健康，身體也開始出現問題，但也難以戒菸；李小姐明知產品經理是個渣男也不會輕易分手，因為他們已經結婚生子。

人的認知決定著行動，行動又會反過來影響認知，已經採取的行動和付出的成本對人的影響是巨大的，左右著人們看待事物的立場。比如，蕭亮向同事李小姐揭發隔壁公司產品經理幹過的壞事和他不值得依靠的證據時，不僅挨了李小姐一個耳光，還遭到了訓斥。李小姐一邊怒斥蕭亮多管閒事，一邊為她的選擇辯護，她告訴蕭亮產品經理是一個多好的男人，以證明她的選擇是正確的。這和蕭亮對待衣服的態度是一樣的，每次在衣櫃中看到那件灰色外套，他除了對顏色稍有不滿，之後想到的全是優點：這件外套也不是很差，至少顯得我很成熟，客戶的眼光實在太差了！

特別像蕭亮這種自尊心很強的人，他難以正視自己的所作所為，就算現實每天給他一百個耳光，他還是會尋找各種說服自己和別人的理由。對這件外套，他不惜代價挽回「沉沒成本」的決心就像鋼鐵一樣堅定，這甚至影響了他之後的審美——購買了更多顏色的衣服來搭配這件灰色外套。他不願意承認自己花了冤枉錢，還白白浪費了三小時的寶貴時間，他和許多人一樣，選擇追加投資，以期追回沉沒成本。沒辦法，蕭亮很擅長維護自己，從不肯輕易承認他是傻瓜，雖然有人一直認為他是。

不要把希望寄託在未來「可能」的轉機上

要想防止沉沒成本，我的第一個建議是：不要對「不確定的希望」抱有幻想。

鄰居趙先生來做客，見我的客廳擺了一架鋼琴，他稱讚了一番，又和我討論起了教育問題，決定也買一架擺在客廳裡，讓他的孩子練琴。有句俗話說：「馬都買了，還捨不得馬鞍嗎？」於是，他又花錢請名師上門家教，投入不菲，可他的孩子就是不喜歡彈鋼琴。這架鋼琴成了沉沒成本，但趙先生並不死心，他經常命令孩子在週末、假期拿出時間加強訓練，以期會有收穫，他希望將來的某一天，孩子能愛上彈琴，並被挖掘出音樂天賦。不過，這種可能性微乎其微。

趙先生只記得買鋼琴和請老師花了很多錢，卻沒注意到他正在浪費孩子的時間。他拒絕面對現實，不肯承認自己之前犯了一個決策性錯誤，不願意及時止損，而是把希望寄託在未來可能的轉機上。類似的例子很多，例如，感情破裂的夫妻有一方堅持不離婚，期盼未來的轉機，是不想浪費曾經付出的情感和時間；投資者手握垃圾股卻死活不賣，是仍然心存僥倖，盼望有一天股市反彈。他們都缺乏止損的勇氣，總把希望寄託在將來的「可能性」上。

在此，有兩項建議：①如果某種未來的發生只是「可能」發生，你已付出的成本便是「零價值」的，應該視為可以捨棄的沉沒成本；②在思考和決策一個問題時，不要把將來的可能性和已經付出的成本列為參考因素，而是要先把它們隔離，再去分析問題的性質。

不要為打翻的牛奶哭泣

我的第二個建議是：及時止損，為思考減負。

我們先來想一下，思考的負擔是如何形成的？不願捨棄沉沒成本的文化背景和價值觀背景又是什麼？了解這些問題，才能徹底解決這些負擔，讓思維輕裝上陣。思考也有合理負擔，比如一個人為了提高自己的某項能力而有意識、有計畫地投入一些東西，並且通過不斷的練習掌握經驗。比如讀書，不能因為從國中讀到大學覺得自己沒學到什麼東西，就認定這些年的投入是錯誤的，因為這是合理負擔，不是沉沒成本。但是，一旦這種投入超出本人的承擔能力，並且未必能帶來預期的回報時，就會給這個人的思考製造麻煩，影響他人生的選擇。

因此，如果你好不容易明白過來，自己打翻一個奶瓶是做了錯事，而不是值得炫耀的舉動，就別再固執地期待奇蹟發生，也不要為之哭泣。灑在地上的牛奶是無法收回的，如同破鏡不可重圓，既然損失的不可能更改，不妨全部置於一邊，將其從「決策參考因素列表」中抹去，設想自己每一次的選擇都是「從零開始」，只做對自己的將來最有利的事。

從這個意義上來講，叫得最大聲的創業者需要捨棄的沉沒成本也最多。

④ 深度思考養成第四步：篩選

重組，將資訊重新組織，賦予其新的意義

只有把碎片化的資訊變成完整和嚴謹的系統，才能對事物有全方位的了解，並從中發現新的意義。

哈佛大學的一項研究表明，資訊已經和資金、技術、人才並稱為現代企業的四大競爭力。資訊的重要性不斷提升，它不僅是主導人們思考的因素，也是企業核心競爭力的重要組成部分。就像蕭亮的第一任老師維德所說：「人的思考是帶有目的性的行為，資訊同樣也具有目的性，它一部分表現了人的目的性，另一部分表現了資訊自己的目的性。所以人的有些決定符合他自己的期待，另一些決定則是『無心插柳柳成蔭』。」他的觀點十分鮮明，即便同樣的資訊，用不同的組織手法卻能從中得出完全不同的結果，因為資訊大部分是中性的，人卻是完全主觀的。

將碎片化的資訊系統化

如第一章提到，埃克森北美公司的人事主管K接到招聘的任務後，在縮減成本的壓力下不得不另闢蹊徑，把目光轉向低薪階層。他動用累積多年的人脈關係，零零碎碎地搜集了南美洲和非洲地區工人的訊息。這些資訊是碎片化的，絲毫不成系統，比如，巴西的工人年薪報價表、非洲南部及中東部的失業工人登記表、各城市的勞工仲介地址、聯繫人電話等，他從中看不到任何石油開採工人的報價以及與培訓成本有關的資料，因此，他必須自己動手，重組這些資訊。

人們平時通過網際網路得到的資訊和知識大多是碎片化的，每塊碎片就像一座知識的孤島，如果不把這些資訊重新組織並把它們串聯起來，那麼這些資訊就很難產生太大的作用。資訊單個存在時沒什麼意義，只有把它們系統化，才能真正有效地應用它們，幫助人們思考和決策。

而要系統化，就得根據自己的需求進行整理和篩選，再賦予其正確的邏輯。下面說明處理資訊的三個步驟：

第一，集中和歸類。就一個問題進行資訊搜索時（網際網路、圖書館或其他管道），會搜集到大量碎片化的知識，它們來自不同管道、不同的人，觀點和方向也不同，甚至資料也有差異。這時我們要做的，是把這些碎片化的知識集中起來。比如K在搜集到零散的資訊後，要先對各個地區的求職資訊、薪水資料、勞動仲介機構等資訊進行歸類整理，按地區、薪水、是否仲介等不同屬性將資訊畫分到各自的類別，做出表格，然後把資訊填進去，進行對比和篩選。

第二，系統化應用。重組資訊是為了挖掘它們最大的價值，讓它們能夠為己所用，最好能系統化地做到重複使用。但現實往往不會這麼美好，許多具備時效性的資訊只能使用一次，超過時間便失去了價值，除非再次更新。要依據自己的需求來判斷資訊的實用性，如果你不需要，再系統化的資訊也沒有價值。在分析南美洲和非洲地區的勞工資料時，K先想到的便是埃克森北美公司的需求和能給出的上限條件，這是他應用這些資訊的關鍵，他先把符合公司要求的地區的勞工資訊篩選出來（薪水和培訓成本相對較低的），然後再聯繫當地的勞工仲介機構。

第三，查漏補缺。K在打通當地勞工仲介機構的電話後，他提出的第一個要求，是請他們再搜集一下當地的人力資源輸出政策，尤其是和石油開採工人相關的。比如，是否需要給當地政府一筆錢？是一次性費用，還是按時間收費？這些工人的文化素質、平均年齡、健康狀況如何？這些資訊在南美洲是查不到的，他通過電話搜集資訊的這一步就是查漏補缺，以免錯失最重要的資訊。另外，還有些可以作為補充的訊息（例如，當地交通情況等），也要隨時搜集，豐富資料庫。被重組的資訊系統越強、越全面，就越有利於篩選和決策。

我對讀者的建議是：平時在觀看影片、紀錄片或閱讀報刊的時候，可以通過記錄或記憶它們，累積碎片化的資訊。當這些碎片化資訊累積到一定的數量時，即便不動手整理，它們也可以在大腦中自動組合起來，形成有系統的知識。大腦有組織功能，它面對碎片化資訊可以調動自動機制去整理它們，並將它們做系統化的儲存。

賦予資訊新的意義

只有把碎片化的資訊變成完整和嚴謹的系統，才能對事物有全方位的了解，並從中發現新的意義。當面對大量的碎片化資訊，不知該如何將它們系統化時，你也可以嘗試一種比較簡單直接的方法——使用「知識四象限」工具對資訊進行分類，這樣能充分保證你的時間和精力花在對自己真正有用的高價值資訊上面，避免在瑣碎的整理和歸類中浪費太多時間。「知識四象限」雖然只是整理資訊的入門級工具（對後續的分類技巧幫助甚微），但它能幫助人們在資訊的篩選上盡可能地節省時間。

在將篩選出來的資訊系統化地整理後，還要對它們再進行一次「斷捨離」：精簡再精簡，直至能夠用最少的資訊把事物的核心表達出來。在將「海量資訊」通過篩選和整理，進而變成「有價值的系統化資訊」的過程中，只要腳踏實地一步步做，必將有所收穫。

5

深度思考養成第四步：篩選

界限，畫線才能贏得思考的自由

如果不能畫一條線，將負面因素隔離在外，思考就會變成牢籠中的猴子，在繩子的束縛下，處處受控。

「畫線」產生秩序

二十多年前，中國北方某所大學的教師宿舍區未建自行車棚，學校老師下班後習慣性地將自行車停在樓梯口，時間長了，停的自行車越來越多，堵塞了樓梯口，大家都有怨言，卻又無可奈何。「這個問題沒法解決，因為每個人都這麼做，漸漸也都習慣了。」後來有一天，一位老教師實在看不下去，便用粉筆在樓梯口的一側畫了一條線，把一片區域圈了起來，寫了三個字：停車區。他畫好線後，還把亂放在樓梯口的自行車重新擺好。從此以後，宿舍區的自行車變得整整齊齊，人們自覺地將自行車停到他畫定的區域，這些自行車再也沒有影響過出入口。

「畫線」不具備任何法律作用，這一點毫無疑問，但畫線卻在無形中起了規範的作用。它激發並喚醒了人們的秩序意識，使人們按照設定好的秩序思考和行動，從而順利地解決了自行車亂放的問題。而在沒有這條線時，人人都可以自由思考與行動，直到問題變得嚴重。

思考也需要有序，保證有序的前提是使人們意識到界限，意識到哪兒是邊界，哪兒是自由空間，只有這樣才能使人們精力集中。如果沒有這個界限，人的「小我」就失去了約束，思考也變得漫無目的，那麼也就失去篩選訊息和系統化思考的能力。比如，在生活和工作中，有的人不停抱怨家庭不幸、工作不順、身體不好、社會對自己不公平……所有的事情都一塌糊塗，而他自感無辜，但背後的原因不是他努力了卻沒有回報，而是他將自己關進了一個充滿負面因素的牢籠。在這座牢籠中，他無法分辨哪些是自己的責任，哪些是外部環境的因素，他將一切不符合預期的結果全部歸咎於自設的牢籠。

應該給自己的思考畫一條線，即畫分「責任區」，分清你要做的，別人要做的，社會要做的。只有讓資訊和問題在大腦中井井有條，思考才能自由起來，既能明白自己的責任，也能看見自身的問題。

「看見」是思考的開始

以下詳細說明：

第一，學會辨別和管理情緒，是正確思考的前提。人類之所以會產生憤怒、悲傷、憂鬱、失控等不良情緒，影響了自己的判斷，關鍵不在於「有人做了些什麼」，而在於你能否控制情緒，掌控自己的「情緒觸發點」。展開正確思考的前提是：不要將「情緒」視為「自己」，要學會辨別哪些情緒是不良的，把它們篩選出來剔除掉。有個詞叫「當局者迷」，說的便是人被情緒包圍，無法看清真相，所以很難正確地思考。

第二，看見界限，是培養深度思考的開始。界限不是牢籠，是為思考設定的多元、分工明確的區域。有了界限，思考就有了禁區和優先項目，哪些是你該考慮的、哪些是你應遮蔽的，一目瞭然，從此情緒不再迷茫，思維也不再混亂。當你能夠看見界限，就能把精力集中到正確的事情上，釋放創造的活力，並且行動起來，得出犀利的、富有價值的見解。

放鬆無形繩索，贏得思考自由

有形的界限還有一個作用，就是幫助人們隔離與卸掉心中無形的繩子。我每次去參觀動物園，看到動物表演的節目，都會覺得那些動物非常可憐，牠們被有形的繩子、鞭子和籠子所控制，受制於人，不能選擇自己的命運。動物的「動物園生活」是被人類設定好的，牠們所有的思考均圍繞著如何取悅人類換取食物，因此牠們看到的界限是吃、喝、睡、表演，牠們可以在這個界限內自由發揮，但越界是不被允許的。

這個場景置換到人類身上也是同理，人們的生活中不也有許多無形的繩子？不論你是千億富豪、媒體名人、政壇新星，還是普通上班族，都無法徹底擺脫繩子。工作、名利、婚姻、孩子、客戶、市場等全是繩子，處處限制你的思考，影響你的決策和行動，你被套在其中卻茫然不知，或者就算知道了也不想改變，還不斷主動給自己套上更多的繩子。

只有讓繩子鬆一些，把它們視為沉沒成本，不考慮種種附加因素的掣肘，才能贏得思考的自由。

界定問題的邊界

不論簡單還是複雜的問題，其本身通常都涉及內部、外部、環境三種影響因素（導致問題形成的原因），這三種因素是並存的關係，但在具體做問題分析時，它們之間的比重分配也有所不同，有時是以內部為主，有時是以外部為主，有時是以環境為主。界定問題的邊界，就是把不同角度的思考標準想清楚，這有助於將問題想得更全面。

有個簡單的問題：「明朝為什麼會在崇禎時滅亡？」

- 崇禎時，朝廷積弊日久，吏治腐敗，國庫空虛。
- 中原地區爆發張獻忠、羅汝才、李自成等多方農民起義。
- 此時處於小冰河時期，北方氣候寒冷，後金貴族必須奪取相對溫暖的中原地區才能生存。

前面三個答案分別是從朝廷吏治腐敗和國庫空虛（內部）、爆發農民起義（外部）、小冰河時期（環境）三個角度來考慮的，通過這三個角度來思考，便能不斷將問題想得更全面，直到最終解決問題。反過來理解也適用，工作中出現了問題，只要從這三個角度逆向推演，便能發現是外部、內部或是環境的原因。界定邊界的做法可以通過流程式的思維方式拆分問題：通過流程將問題拆分成一個個有順序的小模組。流程中有可能涉及各種不同的角色（因素），將內因、外因、環境因素三個角度的資訊展現在流程中，這時你便能更深刻地、具體化地理解不同因素是如何影響事物變化。

界定問題的邊界後，還能獲得兩個好處：①發現有問題的關鍵點（自行車不該停在樓梯口；動物不能跑出籠子）；②明確問題的模組（自行車和動物有各自的區域）。到了這一步，便容易改進行為，精確地做出決策了。

如果不能畫一條線，將負面因素隔離在外，思考就會變成牢籠中的猴子，在繩子的束縛下，處處受控。

你的脖子上有哪些繩子？你要怎麼辦？是割掉繩子（沉沒成本），還是適當放鬆一些（不能割捨的成本）？這個問題只有你自己去思考，才能得到適合你自己的答案。

6

深度思考養成第四步：篩選

清除，刪掉影響思維運轉的雜念

偉人在他的精力被分散後，也將變得非常平庸。——叔本華

噪音是思考的天敵。德國哲學家叔本華平時最痛苦的事，不是久而不解的學術問題，而是嚴重影響他生活的雜訊。一八五〇年前後，他宣稱「噪音是所有嚴肅思想家最大的敵人」。他形容馬夫趕車時甩鞭子的聲音是「地獄般的爆裂聲」，此外鄰居的敲牆、甩門、大吼大叫和吹口哨等行為所發出的噪音，讓他近乎神經衰弱。一直到老年，他搬到其他地方居住後，才勉強擺脫了受噪音持續折磨的「惡夢」，並將此上升到了哲學批判的高度。

叔本華反對噪音的理由很簡單：「只有全神貫注於一件事，一位偉人才能激發自己偉大的思想，如同凹透鏡把陽光聚焦在一個點上。而就像一支有戰鬥力的部隊

在士兵四處奔逃時，其戰鬥力自然喪失殆盡一樣，一位偉人在他的精力被分散後，也將變得非常平庸。」他還認為，即使不是哲學家，在受到噪音的影響後，其正常思考能力也會不復存在。在擾亂思維這方面，沒有什麼東西比噪音的威力更大。

我年輕時，喜歡站到陽台、馬路邊聽車流的聲音。這是二十年前的事情了，那時候我和今天的許多年輕人一樣不用思考，也不喜歡思考，年輕氣盛，就想找刺激。後來到了美國，用來學習和思考的時間越來越多，但過大過久的聲音對聽覺的刺激開始讓人產生幻覺，比如，房子內部的空調、電視、電話、門鈴、水流聲，房子外部的飛機、車輛、警報器的嗡鳴，飯館的嘈雜，體育館的震撼音樂。我終於體會到叔本華對於噪音的哲學批判，噪音確實會對人們的認知行為造成負面影響，噪音環境也是產生思維雜念的肥沃土壤。以下說明：

第一，噪音使人身體衰弱。有科學證據表明，高強度的噪音能使人身體衰弱，幾十年來，尚無相反的研究能推翻這個結論。

第二，噪音讓人無法集中注意力。人們的大腦中有兩個「我」，一個是「緊盯目標之我」，另一個是「左顧右盼之我」，前者無比專注，後者充滿雜念。在安靜的環境中，「緊盯目標之我」處於上風，但噪音過大時，「左顧右盼之我」則粉墨登場，事實上，大多數時間大腦中掌舵的都是後者，它十分活躍地對大腦投其所好。

第三，噪音導致過度思考。「過度思考」是指在思考時反覆陷入單一事件（問題）中無法跳出，既解決不了也放棄不了。注意力不集中時，你總是翻來覆去地分析，就像槍口晃動讓士兵無法快速瞄準，而不得不「一直在瞄準」一樣。這是一種讓人無法充分思考其他事情的狀態，你焦急於找不到靈感，或者為某一個決定而後悔、憂慮，並且這種狀態對人的日常生活造成了不可忽視的負面影響，比如失眠、抑鬱、無精打采、情緒暴躁、專注力下降等。

從事單一性工作的人尤其容易受到噪音的影響，這不是藉口，是可以確實感受到的「大腦遭受的天災」。不管人們有多麼強大的毅力和自救能力，都不能及時挽救被它破壞的注意力。我的同事、北京分公司的副總老任有同樣的感受，他在被噪音打擾而感到憤怒時，可以將一桌的文件拋向天空，甚至舉著椅子瘋狂旋轉幾十圈，對著空氣打出十幾拳。老任還經常吐槽北京的大街就像把人扔到了一處時光停滯的虛擬空間一樣，他覺得塞車時耳邊的喇叭聲和看不到終點的車流是絕妙的搭配，使身處其中的人頓感生活無趣。

注意力是一件脆弱的寶貝，要對它說：「放鬆，不要理會，愉快點吧！」給自己一些心理安慰，在噪音出現時，你能做的可能僅此而已。

什麼時候要立即行動？

除了搬家，以擺脫環境噪音之外，避免思維雜念的一個好辦法是「馬上將你的想法付諸行動」。如果你想看一本書，那就把它買下來，再等兩分鐘，或許你會把這筆錢花到別的地方，比如電影院。一本書的價格只值一張電影票錢，但它帶來的價值卻是一場電影不能相比的。倘若想出去走一走，便馬上出門，不要多想，否則電視和唱片機的聲音會把你繼續留在房間裡。如果不能馬上行動，思維雜念所產生的無形干擾就會讓你什麼都做不成。

立即行動，並不是說你應該爆發「洪荒之力」立即把事情做得很好，而是要開始向前邁出第一步。邁出第一步是清除雜念的關鍵，它的重要性佔60％以上。比如，你計畫搬到一個新的城市居住，從紐約去華盛頓、從芝加哥去舊金山、從深圳去北京、從哈爾濱去大連等（搬家是一個人一生中很可能會遇到的事）。因為某些原因，你不得不搬家，但你一直考慮搬家流程，設計各種方案，而沒有採取實際行動，你連一個電話也沒打過（聯繫搬家公司等），只是在紙上記錄各種成本，不斷權衡利弊。

第一步不順利，你就會無休止地陷入這個思考封閉循環之中，大腦中許多雜念在影響你。當外界干擾很大時，你甚至什麼都不想思考——既想離開這個該死的地方，又什麼都不想做。

立即行動，首先你要做的是思考和制訂一份實質計畫，列出一張有時間限制的日程清單。在羅列這張清單的過程中，會有一個接一個的雜念跳出來試圖影響你，比如當地房價、工作機會、交通情況、飲食適應、人際關係、陌生感等資訊，它們都有足以說服你「等等看」的理由。戰勝它們，列出有時間限制的日程清單，選擇好搬家目的地，即選擇好城市、街道、社區，並迅速找好房子，聯絡搬家公司。思考是為了明確最終想要達到的目標，然後以「時間線」將事情明確下來。

第一步你做了什麼其實並不重要，重要的是你一定要開始做點什麼，以免雜念乘虛而入。實質的行動才能使你朝目標靠近，其他任何行為都不能幫助你更快地實現自己的想法。

「快速轉移」注意力的方法

轉移注意力，可以讓人的大腦回歸到自然平靜的狀態，把那些干擾思考的煩心事扔到腦後，讓自己頭腦清醒。那麼有沒有方法可以讓我們快速轉移注意力呢？自然是有的。

第一，體力運動是見效最快的方式。

村上春樹在他的作品《關於跑步，我說的其實是…》中，將跑步時大腦的狀態描述為「虛空」。在你過度思考的時候到戶外跑步，能夠讓大腦得到暫時的休息，從困擾思維的無關資訊（雜念）中解脫出來。當然，前提是跑步的環境是安靜的、連續的。

在這裡，將跑步（體力運動）描述為：運動是為了讓大腦進入虛空狀態。但正如你所預料的，不管做什麼（跑步時也不能避免），總時不時有想法悄悄溜進來，進入大腦的「虛空」。人的大腦是無法徹底空白的，睡覺時也做不到，夢境也是一種干擾思考的思維雜念，幸運的是那時你已經睡著了，大腦隔離了你的潛意識，使你沒有機會在第一時間強烈地批判夢境的荒誕。也就是說，人類的神經還不足以強大或者堅韌到能夠完全維持一種「虛空之境」。

但體力運動的好處是，在劇烈運動時趁機侵入的雜念是沒有傳染性的，也沒有組織性，它們只是隨機產生然後迅速消散，這種讓身體疲憊的方式，可以讓部分負面情緒和不良的想法隨著汗水蒸發。停下運動時，專注力就能回來一大半，你就能藉機思考和決策一些重大問題，比如還要不要購買某檔股票。

假如雜念太多，跑步的效果不好，我的建議是：延長跑步的時間，或選擇其他運動，直到運動使你產生了昏昏欲睡的感覺。

第二，主動讓自己分心。

體力運動不是快速轉移注意力的唯一途徑，還有其他方法。除了跑步，我在心煩意亂時喜歡投身於任何能夠把大腦倒空的事情中，比如通過讀書來研究不了解的、有趣的話題，像「太空人掉進黑洞的過程」、「今日的博士生回到古代能做宰相嗎？」、「人類有哪些不合理的生理現象」。我也喜歡靜坐，但這個方法的效果因人而異，並不建議讀者嘗試。靜坐看上去利於冥想，實際很容易變成一種外表平靜如水、內心卻波濤洶湧的行為，這個事實讓人著實非常惱火。

如果集中注意力是短期內無法實現的目標，那就讓自己「快點分心」。安排一個愛好、一個小任務或者一個小活動，都能讓大腦再度興奮起來，擺脫雜念的糾纏。當你從事這些有趣和有益的事情時，就能暫時忘掉（遮蔽）干擾，把思維雜念關在門外（轉移走），直到它們最終消失。

停止「重複討論」

不要向他人求助。人們習慣在感到焦慮時向他人求助，以為這樣可以讓自己輕鬆起來，其實這是一個糟糕的選擇。在面對大多數人都會對其過度思考的重大、複雜決策時，特別是在不利於思考的環境中，你的求助行為不僅解決不了問題，還會讓他人也陷入過度思考。求助之前是你一個人焦慮，求助之後就變成兩個人或一群人焦慮了。比如，當妳因意外懷孕而思緒萬千、不知如何是好時，妳的朋友要嘛給妳一個妳意料之中的答案，要嘛也和妳一樣不知所措。這對解決問題並沒有幫助，只會把他人一同拖入焦慮的泥沼。

對所有的事情而言，「重複討論」都是一種極具傷害性的行為，這意味著在增加決策的不確定性。過度思考可能會導致不好的決策。人的大腦討厭不確定性，因為它暗示著「不可控」、「隨機」和「風險」。人的大腦也自帶假設的功能，一旦有「不確定性」的存在，人就開始假設「它一定存在」，所以，當重複思考某個資訊、某個片段時，大腦便會敲響警鐘：「嘿，你要注意了，這個問題可能特別重要！」然後你一定會過度評估這些資訊、片段的價值，改變原訂計畫。所以，一定要停止這種重複討論的舉動。

四個步驟防止「過度思考」

可以確定的是，有時候人們不想刪除大腦中的雜念，是因為有能力「過度思考」。無論是出於自信還是別的原因，人們都可能一次又一次陷入對同一事件的反應之中，把環境噪音列為思考的要素。比如，窗外飛機的轟隆聲讓你做出了臨時改變會議地點的決定，引起了與會者的不滿；或者，你試圖接納新產生的全部想法（思維雜念），從可以設想到的各點對一個觀點進行總體分析。在長時間思考之後，你終於窮盡所有可能，做出了一個決策——但其實你根本沒必要這麼做。

我的建議是，即使環境噪音和思維雜念這兩項因素是不能去除的，刪掉它們的成本大得驚人，但你還是可以將思考的過程變得對自己有利一點，至少能從一開始就啟動有效的篩選機制，將一些明顯的干擾過濾出去。

「清除過度思考」有四個步驟：

①重新定義這些想法（初步的思路）。
②重新組織對自己所累積的經驗的理解，找到錯誤認知（檢查方向）。
③重新將注意力聚焦於真正重要的事情上（鎖定專注）。
④重新評估大腦接收新資訊時所產生的反應（有選擇地對待干擾）。

這四個步驟中最大的一個難題在於：如何判定干擾的利弊。解決這個問題的策略是盡量保持和資訊的距離，尤其是頭腦中的新產生資訊（包括外部環境灌輸的），比如計畫已經訂好了，卻突生一個新想法、上司或同事的新建議，父母、同學和朋友苦口婆心希望你接受的意見等。當你和這些聲音拉開一點距離，就能了解自己之前為何總是翻來覆去地思考，這時能清晰地看到哪些思考是可用的，哪些是必須無視的，然後停下這種過度思考的迴圈，從環境雜訊和思維雜念中完全脫離出來。

在篩選資訊的過程中，人們都曾過度思考和過度分析，浪費了大量寶貴的時間和精力。本章的要點是，通過取捨、止損、重組、清除等手段，最小化這些無用資訊佔據的空間，排除決策的阻礙，然後強而有力地執行決策。實現這一過程需要一定的時間，也並非所有人都能做到，但大部分人經過調整是可以擁有這種機制的。

在處理資訊時，第一步是進行取捨，將有用的資訊提煉出來，捨棄無用的資訊，以免思路被帶偏；第二步是止損，要有敢於放棄沉沒成本的勇氣，以達成及時止損的效果；第三步是善用歸納法，對提煉出的高價值資訊進行組合；第四步是定下界限，為自己的思考範圍進行限定，讓思考更加專注、更有穿透力；第五步是清除思維雜念，為自己搭建一個相對安靜的思考空間，防止你的思考成果受到污染，使前面的準備功虧一簣。

第六章

深度思考養成第五步：設計

1. 搜集，準備一切必備資訊
2. 歸納，整理邏輯與要點
3. 導圖，用思維導圖展開「可視化決策」
4. 提升，從完善思路，到精準決策
5. 聚焦，專注並執著於當下

深度思考養成第五步：設計

1 搜集，準備一切必備資訊

人們在搜集資訊時總是被一些特定的傾向困擾，要得出客觀的結論，就必須打破這種傾向。

近幾年來，我對「人和人的差別」這個命題進行了細緻的研究和認真的思考，並帶領團隊搜集了幾十萬份來自世界各地不同階層的資料，我發現人和人最大的差別從來不是某些人擁有什麼不可示人的思考祕笈，或是上帝給予的驚人天賦，而是他們在思考問題時養成了一些與眾不同的好習慣，日積月累才完成了從量變到質變的飛躍，將其他人遠遠地甩在身後。一般來說，他們在搜集資訊的階段就已經領先別人一步。

開始閱讀本章前，請先回答以下八個問題：

①你每個月讀幾本書？

A. 五本以上

B. 三到五本

C. 從來不讀（沒有計畫）

②你知道哪些方面的知識是自己的弱項嗎？

A. 深知

B. 遇到問題才知道

C. 從來不知道，也不關心

③你學習和搜集資料的主要方式是什麼？

A. 主動從不同管道

B. 一直從固定管道

C. 從網際網路或別人那裡被動地學習

④你針對自己被事實證明的錯誤做出過調整嗎？

A. 及時調整

B. 有時調整（看情況）

C. 從不調整（拒絕調整）

⑤你對曾經遇到的問題有過想當然嗎？

A. 從不
B. 很少
C. 經常

⑥你如何證明自己獨立思考過？
A. 經過對比論證
B. 堅持立場時
C. 無法證明

⑦你每天堅持寫日記嗎？
A. 幾乎每天
B. 偶爾
C. 從來不寫

⑧你會堅持寫自己的專業論文嗎？
A. 主動在寫
B. 有需要時寫
C. 從來不寫

這八個問題是美國訓練與發展協會的顧問委員會設計的一份測試題。搜集資料最怕漫無目的、沒有重點，卻又自認為思路正確，美國訓練與發展協會的思維測試專家認為，這八個問題涉及人在思維層面最重要的三種能力：第一，主動學習的能力；第二，主動反省的能力；第三，獨立思考的能力。回答完這八個問題，一個人是否具備專業和高效率的收集資料能力已經一目瞭然。問題雖然很簡單，但八個回答全是A的人，全球不會超過一百萬人，你沒看錯，全球七十億人中只有萬分之一的人能在這八道題中全部選擇A。

事實上，大部分人只能歸於B和C。這些年來，我的閱讀範圍雖然「自認為」廣博和專精，但也無法避免隨處可見的「常見錯誤」。所以有時我會對讀書的效果充滿懷疑，讀書真能提高人的思考能力嗎？事實上，讀書對某些人來說也許效果相當顯著，但它很難改變人的本性，人的思考總是充滿了隨機性，經常在思考上一個問題時還保持在A，下一個問題就掉到了C。比如，蕭亮昨天出門時還知道噴一噴頭髮定型噴霧，十分注意自身形象，但今天連鬍子也沒刮就出門了。

我之所以越來越喜歡閱讀哲學類的書籍，是因為下面這兩個原因：

①哲學作為解決一切問題的「思想工具」，能提供一些基本的世界觀和方法論，使人今天比昨天更「聰明」一些。

②哲學還有心理安慰的功能，它會告訴人們「淺思考是生活的一部分」，即使掉進思維陷阱也不必自責，因為總有人會掉進去。

有效地搜集資訊

在平時的工作中，經常會有人分享一些專業資料，它們的出現很及時地解決了你的困惑，這很讓人激動，所以你很好奇他們是如何找到針對性那麼強的資料。在你的經驗中，網路搜索散漫而又缺乏效率，專業平台又需要時間和進入門檻，都做不到既快速又有效。你之所以會這樣認為，是你從來沒有認真思考過「如何正經地搜集資訊」這類問題，大多數人習慣通過別人的分享被動地獲得資料，缺乏主動進行「專業化搜集」的概念，也不具備對資訊按類別檢索的意識。

搜集資訊包含三個重要的階段：

第一階段，如何找——設置主題和關鍵字。人們搜索不到需要的訊息，60％以上的原因是不懂得如何設置主題和關鍵字，而這恰恰是搜集資訊最為重要的一步。主題和關鍵字雖然可以自訂，但也一定要符合自己的實際需求。

第二階段，去哪裡找——資訊來源。要從盡可能專業的平台和管道獲取適合的資訊，但首先應該搞清楚哪些平台和管道較為專業且能提供真實可靠的資訊。資訊的來源決定了資訊的品質和它的價值。

第三階段，用什麼找——搜索工具。網路資訊時代，人們搜集資訊通常會選擇Google、百度、Yahoo、新浪網等搜尋引擎，這些工具各有特點，提供的資訊和記錄方式也各有優缺點，必須結合問題的本質選擇恰當的搜索工具。

簡單地說，搜集資訊就是用各種搜索方法快速找到自己需要的「精準訊息」。不僅要搜索，還要集結、整理和分類——及時將搜集到的信息進行定義、抽離、辨別和篩選，最後才是歸類、去蕪存精，加上可供檢索的標籤，以便自己隨時取用。至此，搜集資訊的工作才算告一段落。這些步驟長期堅持下去，可以顯著地提高搜索資訊的效率。

重要的一步：主題和關鍵字

有一天，蕭亮的愛犬突然滿地打滾，急需救治，但他常去的動物醫院關門休息，從門上貼出的告示中得知老闆去了外地，最快也要明天才回來。這時蕭亮要嘛另尋醫院，要嘛就等這位獸醫從外地趕回，然而那時，他的愛犬可能已經涼透了。

無奈之下，一貫不喜歡自己動手的蕭亮打開電腦開始搜索，輸入「狗、腹痛」和「動物醫院」等關鍵字，立刻出現了幾百頁相關資訊：狗為什麼腹痛、什麼情況下會危及牠的性命、附近有哪些動物醫院等，甚至還有提供全天服務的獸醫的聯繫方式。

這就是主題和關鍵詞的價值，它們可以挽救蕭亮愛犬的生命，否則蕭亮不但會痛失愛犬，還會被妻子趕上天台吹風。現在的訊息量高速爆發（新資訊不斷湧現），資訊的種類和來源也很多（良莠難辨），而且具有非常短的時效性（更新週期短），如果不根據主題和關鍵字搜索，只通過一個資訊去瀏覽另一個資訊，不僅耗費時間，還缺乏準確性。所以設置自己關注的主題和核心關鍵字是非常重要的一步。

如果不設置主題和關鍵字，就會在搜集資訊時淹沒在資訊海洋裡，資料雖多卻沒有你想要的；或者由於擔心資訊的負載太大而刻意回避，不去搜集資訊，僅憑經驗做出判斷，這會導致你和這個時代脫節。

設置主題和關鍵字有兩個主要的好處：

第一，提醒方向。主題和關鍵字能讓人們時刻清楚在搜集資訊時，什麼資訊才是真正有價值的，重點關注這類資訊，對那些無關緊要、缺乏價值的資訊進行忽略或遮蔽。

第二，有目的主動獲取資訊。在關鍵字的引導下，搜集資訊的時候會更有目的性，可以使用各種訂閱、集結工具有針對性地搜集資訊——這一工作是自動性的，讓資訊主動進來且分好類別，可有效節省時間。關鍵字也能幫助你加深記憶，並在大腦中形成一個習慣的搜索機制，知道什麼時候應該參考哪些資訊，加快思考的速度。

例如，專業的網際網路技術、教育、體育、科技和新聞網站等，能讓人們在這些特定的領域擁有一個專業的資訊搜索平台，免除在大量的無關資訊中篩選所需資訊的苦惱。專業網站的資訊更加聚集且更富有深度，具有垂直性的搜索，有利於人們為自己建立完整的思維模式和知識體系。退一萬步講，在專業網站泡久了，至少還能多學幾個冷門的詞彙。

這裡，我要再次提醒大家：在搜集資訊時不要有主觀的、感性的和涉及利益的傾向——這是人最可怕、最致命的軟肋。人們在搜集資訊時總是被一些特定的傾向困擾，要得出客觀的結論，就必須打破這種傾向。

2

深度思考養成第五步：設計

歸納，整理邏輯與要點

歸納的意義在於可以把腦海中散亂的知識和情報收集到一起，通過整理資訊的內在邏輯，在大腦中建立一個方便檢索的資料庫。

資訊的集結和歸類

如果讓蕭亮選擇一種儲存工具來管理他的資料，他大概會選擇電腦資料庫。這是因為他已經有二十多年的電腦使用史，他用過的每台電腦都有一個專門的個人資料庫，放置各類他關心的資料。蕭亮認為把資料儲存在電腦上有兩大好處，一是無論是否有網路，都能隨時查詢，不像線上儲存非常依賴網路；二是方便複製，有一個行動硬碟或USB就可以了。所以，蕭亮習慣將他搜索到的有價值的資訊儲存在自己的電腦中。

但是同時他也發現，隨著資料越來越多，他的電腦資料夾也日漸龐大，要經常刪除一些過時文件，為新資訊騰出空間。另外，在同時使用多台電腦辦公時，他不得不拿著USB四處備份（大檔線上傳輸的速度並不理想）。後來，蕭亮又開始用雲端硬碟儲存一些使用頻率較高且常多方上傳和下載的資料，開啟了他的「資訊共用時代」。

對於資料的儲存，可以用比較簡便的方法進行整理，比如，設定主題和關鍵字——就像搜索時那樣。分門別類地將它們放到電腦硬碟、網路或其他儲存工具中。歸類的第一要義是：調用方便，能夠高效檢索。比如，在相關主題中找到需要的類別，再輸入一個特定的關鍵字，便能將資料直接調取出來，不用中斷當下的工作。

另外，當處在一項任務的進程中，遇到一篇不錯的文章，想歸檔以後再進行閱讀，也能快捷地將它放到自己的資料分類中，而不用臨時設置歸類標準。這樣一來，就能對自己所集結的資料添加標籤，做到隨時隨地全文檢索，縮短思考的「準備時間」。

整理資訊的要點和內在邏輯

以下說明整理資訊的要點和內在邏輯。

第一，一定要養成定期整理資訊的習慣。若沒有定期整理它們，則用各種手段和工具獲取的資訊，時間一長便會趨於雜亂，同時失去時效性。所以，就像定期打掃房間一樣，在資訊歸納中，對資訊進行定期整理也是不可缺少的一環。它包含三個方面的內容：①定期檢查並且調整歸類；②刪除不再需要的資料；③添加和調整方便搜索的標籤或關鍵字。此外，你也可以為工作增設一個臨時儲存資料的過渡區（工具），用於存放一些有價值但暫時無法歸類的文件或者資料，不過這樣一來，定期整理時你就要著重檢查這個臨時工具（資料夾），將其中的資料安置到對應的分類中（或者刪除）。

建議每週定時整理一次，時間可以定在週一或者週五，但要避開週末。

第二，讓資訊富有邏輯性。如何理解資訊的邏輯性？如何才能讓散亂的資訊產生邏輯性？通俗地說，就是要讓搜集到的資訊具備內在的邏輯，符合搜集的目的。首先，準備的資料要用得上；其次，可以用一個通用、易於理解的邏輯將資訊串聯起來，形成一定的知識系統。如果資訊缺乏條理，邏輯混亂，一定會影響你的工作效率，對思考和決策也都是不利的。

朱先生在六年前就養成了搜集分類和定期整理資訊的習慣，當時他正帶領一支七人的臨時小團隊，同時需要協調多方（部門）的工作，因此要將很多人的工作資訊放到一個共同的資料夾中進行維護。為了提高決策效率，他開始勤奮地建立自己的資料庫，但發現效果一點也不好，他感到困惑。「為什麼我資料充裕，卻對工作毫無裨益？」就好像我們興奮地吃了一肚子好飯，大腦的反饋卻是「這些食物沒有營養」。經過檢查，朱先生發現問題在於自身，他搜集的資料五花八門，什麼都有，單個拿出來對工作偶爾有點參考價值，但整合在一起就「什麼都不是」了，成不了系統。這些資料雖然可以被他充作演講之用，但對他培訓員工的工作卻幫助甚微。

這說明，資訊的邏輯性表現在一個標準化和富有針對性的知識系統中。如果你搜集到的資訊可以大部分匹配你的工作領域或者決策目的，能提供全方位的、有針對性的知識援助，補充你在資訊方面的不足，而不是僅能用於部分段落和單個觀點的摘抄，那它就具有最基本的邏輯性。

第三，提取資訊的可用價值。為了照顧思維邏輯的嚴密，需要對資料多加思考和質疑，因此每次對資訊的篩選和歸納，就是對自身邏輯的一次審查，如同給自己認真地上了一課，也把多種資訊融進自己的知識系統內。不過前提是，你能夠從搜集到的資訊中提取「可用價值」。

即便我們搜集了再多資訊，整理得再有條理，資料庫再美觀好看，如果不能從中學到東西，也頂多是建立了一個「豐富的個人知識庫」而已。對於本章的內容來說，最重要的是要學到用好資訊幫助決策的技能，讓不同來源的知識為己所用，完成一次高品質的思考和行動。

資訊的可用價值表現在：①以點帶面，轉化資訊，起到知識索引的作用；②直接解決現實問題，設計有效路徑，實現正確決策；③幫助我們沉澱自己的知識，創造新的價值。

通過歸納，改善你的認知系統

美國訓練與發展協會的思維培訓中有一個非常經典的問題：「球棒和球一共花了一一〇元，球棒比球多花了一百元，那麼買球花了多少錢？」

你的回答是「十元」？很抱歉，這說明你的認知系統充斥著活躍的「非理性直覺思維」。可能你平時根本瞧不上直覺，也鄙視那群以直覺為傲的傢伙，但在思考的關鍵時刻，直覺還是跳到台上操縱了你的大腦。

答錯這個問題的人非常多，從二〇〇八年至二〇一八年的十年間，美國訓練與發展協會已經用這個問題以問卷和郵件形式測試一百七十二萬人，回答的正確率僅有16％。若對這道題稍加理性分析和認真計算，就不會答錯，但結果竟有高達84％的錯誤率。

無論資訊多麼充足，人在思考時仍然本能地依賴直覺性思維，拋開眼前的參考資訊，直奔腦海中浮上來的第一個答案。對於嚴謹的分析性和穿透性的思考，大腦極為吝嗇它的愛意，這是由人類認知系統的缺點決定的。英國心理學家艾文斯對人類的認知模型進行了三十年的研究後，提出了「雙重加工理論」。他認為，人擁有兩種思考模式，第一種是直覺性和啟發式的思考，第二種是分析性的思考。在人類的認知系統中，思考是一件費力的事情，所以感性和直覺大受青睞，因為它們運行起來毫不費力；而分析性和穿透性的思考卻需要我們深思熟慮，因而啟動緩慢，且過於耗費資源，被大腦所痛恨。

心理學家據此認為，人類在認知與思考層面是典型的「守財奴」，在資訊加工和思考的過程中總是習慣性地傾向直覺性的思考，而不是理性地深入分析，因為直覺性的思考消耗的資源更少，速度更快，對於大腦來說更省事。正是因為這種特性，人們常會不自覺掉進直覺的陷阱，因此答錯上述那道題再正常不過了，若第一時間答對了反而會令我感到詫異。

據此，可以得出三個結論：

①人的認知系統與直覺是一對如膠似漆的「同城情人」，理性是「遠在異地的丈夫」；②大腦認為思考是一件費力的事，所以追求簡單直接；③養成深度思考的習慣需要長期的堅持和不斷的努力。

人的大腦也很喜歡求助於外在的幫手。比如，全世界99%的人已經養成了遇事問百度、Google 等搜尋引擎的習慣，傾向於拿起手機在網際網路上直接找到現成的答案。如果能把記憶、分析、運算等複雜的工作外包出去，大腦會非常樂意，它希望擁有一個無所不能的僕人。

這些現象的存在，使現代人的記憶能力、計算能力、分析能力、邏輯能力和決策能力呈現整體下滑的趨勢，正如我的老師、聰明的荷蘭人維德所言：「進化論確實是真的，人類早晚會進化成猴子。」

歸納的意義在於，可以把腦海中散亂的知識和情報收集在一起，然後通過整理資訊的內在邏輯，在大腦中建立一個方便檢索的資料庫。這就好比在一片漆黑的森林裡找到了地圖和手電筒，你不會再被未知事物直接擊倒，你的腦海中會建立起一種反應機制，在茫然無措的時候通過日常歸納整理的知識，為自己尋找出路。當我們面對不懂的事物時，我們就可以通過歸納法，以我們已形成固定概念的舊事物對未知事物進行推理。

一個頭腦清晰、沉著冷靜的人是一定有這樣一套思維模式的，這種思維模式，早建立早受益。

而想要為大腦嵌入這樣的快速反應提取機制，還要注意以下幾點：

第一，鍛煉。大量的練習是建立反應機制的基礎，想要在頭腦中建立思考通道，就要經常強迫自己思考，要對這樣的思維模式形成習慣，讓自己在遇到這種情況的時候會不由自主地思考，並勤加練習。

第二，不要過於依賴搜尋引擎。既然我們要在頭腦中建立一座資料庫，就不能總是通過這麼簡單的方式攝取知識。只需要動動手指就可以在網路上得到的答案，是沒辦法在人的腦海裡留下深刻印象的。

第三，定期維護。如果你的腦海中已經有了資料庫，那麼定期維護資料庫的完整性就是你經常要做的了。在補充知識的同時，還要溫習以前的知識，溫故而知新。

第四，反思。實際上，在我們剛剛進入學生時代，老師就會告訴我們，做題一定要驗算，如果你任何一個步驟中的數字錯了，那整道題都是錯的。我們一定要養成反思的習慣，以免因一個粗心大意的錯誤，造成滿盤皆輸的局面。

3

深度思考養成第五步：設計

導圖，用思維導圖展開「可視化決策」

商業決策者需要具備將數據可視化的能力，懂得用圖表傳遞資訊，用圖表引導思考，用圖表說明決策。

養成做筆記的習慣

即使是天降之偉人，他的智慧也不是從路邊撿來的。二〇一一年，錢鍾書的夫人楊絳在當年十月出版的《錢鍾書手稿集》的序文中寫道：「許多人說，錢鍾書的記憶力特強，過目不忘，他本人卻並不以為自己有那麼『神』。他只是好讀書，肯下功夫，不僅讀，還做筆記；不僅讀一遍兩遍，還會讀三遍四遍，筆記上不斷地添補。所以他讀的書雖然很多，也不易遺忘。」

這段描述有意思的地方在於，它推翻了人們傳統印象中一位偉大學者的學術修養基於其不凡天賦和超強記憶力的認知，不僅讚揚了錢鍾書過人的勤奮努力，也向讀者介紹了他喜歡做筆記的讀書方法。很顯然，做筆記可以有效地幫助記憶，即便是錢鍾書這樣的名家也要靠三遍四遍地重複閱讀和添補筆記才能累積那麼深厚的知識，並產生讓人仰望的智慧。但是，我舉這個例子並不是要說明做筆記對讀書有多麼重要，而是指出一項有益於精準決策的原則——養成做筆記的習慣，有利於動作化和形象化的記憶，可以提高決策的精準度。

動作性記憶

人的記憶分為兩種類型，一種是陳述性記憶，比如用閱讀、傾聽、默誦等方式來讓大腦直接記住、儲存資訊。所有的資訊都會經過大腦中海馬體這個結構的過濾，不過它只是進行短期的儲存和中轉，所以你想記住的東西最終不一定都能被記下，轉存的時候總會發生或大或小的資訊遺漏或變形。

另一種是動作性記憶，比如踢足球、跳舞、游泳、練習武術、寫書法、抄錄課文等，這些資訊不需要經過海馬體，而是經過小腦的神經回路和大腦基底核的處理後直接進入神經網絡，其間沒有中轉站，資訊損失率低，沒有意外的話很難被忘記。

這就解釋了一些奇怪的現象：八歲時背誦的詩詞，二十歲時就忘乾淨了，手抄過的知名作家文章卻還印象深刻；六歲時學會了騎自行車，到三十歲你還會騎，儘管你已經有二十年沒騎過了；背了幾十遍棋譜，對下棋的規則還是一知半解，但找人現場對弈幾盤，你可能一小時就學會了……

有了書寫的動作，人們對知識、事物的記憶效果會更強。大腦的工作風格和現代社會的女性相似——重視形體，對形象化的東西十分敏感，接受度高。另外，我們做筆記時由於使用了身體的另一個器官——手，所以我們在書寫的同時也對資訊進行了條理化和邏輯性的思考，這不僅有利於記憶，也是培養深度思考的必要過程。

我在美國訓練與發展協會工作期間，曾有幸見過許多偉大企業的創始人和卓越的領導者，發現他們都是喜歡做筆記的人，尤其在涉及重要決策時，他們會一邊聽匯報一邊寫下要點。如此一來，往往在匯報結束時，他的決定也做出了，有時甚至不需要召開一場新的會議專門討論。

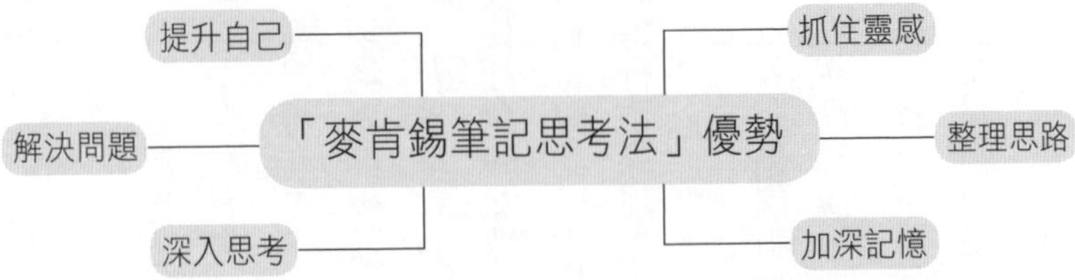

麥肯錫筆記思考法

截至今天，我使用「麥肯錫筆記思考法」已有十三年了，它的存在讓我擁有了對生活和工作的「導圖化思維」，能夠同時用文字和圖表兩種工具審視、思考一個問題，對我幫助甚大。最重要的是，由於文字和圖表同時存在，所以必須靜心慎重對待問題，不能縱容本能和直覺「扔骰子式」的判斷。

「麥肯錫筆記思考法」包含了三個要素。①動作性記憶：一邊做筆記，一邊思考。②成果導向：以解決問題為最終目的。③按照基本流程進行思考：記下本質問題，通過假設來驗證（否定），找出解決方案，實施解決方案。

這是一種為了解決問題而實施的深度分析的高效思維模式，借助「筆記」這個有形的事物和動作性記憶，把思維火花從大腦中一絲一縷抽離出來，轉變成可視化和導圖化的文字、圖表，然後將問題條理化地展示出來，從而發現問題，總結規律，制訂解決問題的根本方案。

具體來說，「導圖化分析」有以下三個優點：

第一，「導圖化分析」把人從「淺思考」中拯救出來。網路時代的人們越來越忙碌，生活和工作節奏也越來越快，每個人都在承受著巨大的時間壓力。這導致人們用來思考的時間極為有限，即便思考，也只是「匆匆一想」，思考很淺。「麥肯錫筆記思考法」的三個要素讓「淺思考」不復存在，只要養成做筆記的習慣，就能避免漏洞百出但又驅之不散、如影隨形的淺思考模式。

第二，「導圖化分析」可以減少錯誤的嘗試，爭取決策一次到位。假如沒有文字和圖表的協助，我們很可能不經認真思考就採取行動，那麼便無法知道行動是否能夠真正有效地解決問題。大腦在不知道如何做才能解決問題的情況下會不斷嘗試，一個思路不對就換另一個，直至有對的思路出現。這當然是對時間和精力的浪費，也會導致工作效率低下。「導圖化分析」能夠最大限度地避免這個問題，文字和圖表所呈現出來的有規律的「可視化資訊」，給了大腦做出正確選擇、讓決策一次到位的機會。

第三，做筆記的方式可以將思考的過程分散到平時的碎片時間中，使決策成為深思熟慮的結果。人們在會議間隙，把頭腦中的靈感記錄並整理的這一過程其實就是思考過程。不成熟的想法會在時間的沉澱下一點點成型，越來越完整。同時，做筆記（書寫）對大腦也有加深記憶的作用，可有效增加我們思考的廣度和深度。

還有一個好處就是，中途其他資訊也能隨時加進來，為我們提供新的思路，激發新的靈感。等到需要正式做出決策時，想法已經十分成熟了。

如何實現可視化決策？

我一直主張人要具備可視化決策的能力，要學習這種能力，不論是以思維導圖（Mind Map，或稱心智圖）的形式，還是將筆記做成PPT，可視化決策都可以充分突顯「資訊」的作用。

最佳的方式是製作圖表，這樣參與決策的人員能夠快速、準確地理解資料及其他資料所要表達的內容，從而提高決策的精確性。

「資訊可視化」的作用主要有兩個：

第一，可以傳遞更多資料。假如是文字資料，可能幾千字的長篇大論也不及一張簡練的圖表。圖表具有濃縮和直觀的特點，它能夠傳遞的資訊是文字望塵莫及的。比如你要根據公司最近一年的營收情況決定明年的戰略，如果只看文字，會發現這是一個幾天幾夜也看不完的大工程，因為你要查看每個月的具體收支，同比（即同期相比，表示某個特定統計段今年與去年之間的比較）和環比（表示本次統計段與相連的上次統計段之間的比較）的增幅，哪個月的收入最高，哪個月的收入最低，增幅最高和最低的分別又是哪個月，而這些資料又分屬於不同帳目，讓人頭疼。用圖表表示只需要一個柱狀圖和折線圖的組合圖表就可以了，完全能夠準確地表達資訊。

可視化的圖表能將所有的資料囊括在內，並直觀地展示出來，一眼就能看到關鍵點。

第二，形象生動，便於理解。可視化的圖表或其他資料導圖能以更簡單的邏輯和視覺體驗，幫助人們更快把握要點，就像基於每個月收入做出未來的商業決策一樣，通過圖表，企業高階主管一眼便能看到過去一年公司的經營資料——分月、分季和一年的整體資料，增長和虧損等。他們不用將每一類數據放到大腦中做模糊的對比，也不用單獨研究帳目，就能快速得出結論。

由於大數據技術的發展，「可視化的思維導圖」在思考和決策中的地位越來越重要。用八個字總結就是：**字不如表，表不如圖**。圖表能夠使人更快地理解資訊所要表達的內容，看到資訊的內在邏輯和未來演化的趨勢——過去發生了什麼，現在正在發生什麼，將來會發生什麼。一切都是精確、形象和生動的，也更有深度且易於理解。

可以這麼說，如今的商業決策者都需要具備將資料可視化的能力，懂得用圖表傳遞資訊，用圖表引導思考，用圖表說明決策。

深度思考養成第五步：設計

4 提升，從完善思路，到精準決策

從「完善思路」到「精準決策」的提升過程也是一個反覆討論的過程，和自己討論，也和別人討論，在討論中發現自己的不足，看到自身能力（思考力和決策力）的閾值。

在人類的思維體系中，神祕主義、懷疑主義和虛無主義是三種頑固的「病毒」，它們始終腐蝕著人們的理性，阻礙深度思考的實現。即便是現在，人類面對未知的世界，仍然感到力不從心。但這與本書之前談到的「老張的神祕主義決策理論」關係不大，按照我的理解，公司的管理人老張在從殫精竭慮的專業主義者過渡到信奉星座的神祕主義者的過程中，就「如何決策」的情節顯然說了謊。這是他的狡猾之處。

老張不夠誠實，他隱藏了自己究竟是怎麼處理資訊的情況。比如，老張用貼在辦公室的星座便箋管理自己的行程而不是聽從助理的安排，在我看來是因為他對過去長期出差、開會、簽約等行為進行過細緻的總結，他的大腦裡早就畫出了一個框架，有了一個路線圖。

他知道應該怎麼做，但用星座便箋掩護自己，以便擺脫公司其他人對他個人思路的干涉。

在「專業主義」和「神祕主義」這兩種決策模式的對比中，我們可以看到一些現象，如下：

第一，「專業主義」的決策模式有時過於依賴經驗，對不可預測的變化應對不足。

第二，「神祕主義」的決策模式必須建立在大方向正確的基礎上，然後減少干擾因素，追求效率。

第三，老張的成功在於他有一個思路框架，他是「專業主義」的升級版。

第四，在決策的初級階段，可以不用精雕細琢，但大方向必須是對的。在做每一個日常或重大的決策之前，我們都要按照基本的框架展開思考：①要知道自己想要什麼（目標）；②弄清楚現實是什麼情況（條件）；③找出從現實到目標的優化路徑（決策）。

比如，蕭亮有一天竟然約了一位異性去吃晚餐，還計畫對妻子隱瞞這件事。那麼，他怎樣才能順利吃完這頓晚餐，並且不會被妻子發現呢？這個決策就可以應用前面的框架來進行思考，制訂他的行動計畫。

蕭亮和異性去吃晚餐，是要達到什麼樣的目標？如果是工作便餐，就要考慮經濟實惠；如果是要有和異性獨處聊天的氛圍，就要考慮安靜有格調；如果對方是重要客戶，為展示合作誠意，就要考慮環境和菜色；如果是要展現自己的經濟實力，就要考慮餐廳高級與否。

蕭亮要達到目標需要滿足什麼樣的條件？①晚餐的時間、預算以及交通，這些是客觀限制條件；②雙方的關係，對方的口味偏好，餐廳的評價，這些是主觀判斷條件；③如果選擇了某一家餐廳，能否達到預期目標，這是對「決策—路徑—目標」進行的客觀評估。

蕭亮怎樣才能找出從現實到目標的優化路徑？①在確定了客觀條件，並且對主觀條件做出判斷後，開始執行方案，打電話給屬意的餐廳；②如果訂位成功，則思考停止，準備赴約；③如果訂位不順利，結合回饋的結果進行調整，重新選擇餐廳，直到成功。

蕭亮這場冒險的約會使用的「三步決策」是一個簡化模型，也是可用性最高的模型。

它既可簡化思考，又可節省資源，乾淨俐落地直奔目標，但是，真正將這個模型內化為清晰思考和快速決策的習慣，沒有想像中那麼容易。為了防止目標在這種三步走的思考下跑偏，還需要穩定明確的價值觀、敏銳的判斷力、強大的糾正偏差能力，也要學會給自己設定邊界，明確列出哪些事情不能做，比如，蕭亮得告誡自己不要有非分之想。

應用這個框架來思考和決策時，還要給每條基本框架分別加上限制：①不要聽別人告訴你應該要什麼；②不要自我欺騙，要面對現實；③不要苛求「最優路徑」。

人的主觀判斷要盡量基於客觀事實來進行分析並決定，不要想當然爾，不要過度樂觀，也不要把內心的想像當成既定的現實。「自己騙自己」的思想家到處都是，但一廂情願的積極行動是沒有好果子吃的。在明確了現實條件和目標的要求後，為了實現目標，通常要面臨多個選擇，有很多路徑可以設計，尤其在吃飯這種事情上，往往有十幾種選項。這時候怎麼辦呢？設計評級模式一個個打分數？這樣當然能找出數學層面的最優解答，但又有什麼意義呢？對於實現目標的效果未必有明顯的幫助。

要知道，「精準決策」是為了幫助人們擺脫選擇焦慮，如果因此又陷入完美主義的陷阱，那就沒有意義了。

所以老張的做法看似玩世不恭，實則為自己減輕了決策負擔，他不用每天面對選擇焦慮，也不用糾纏於一些並不重要的細節。你可以向他學習，先給自己整理一個框架性思路，不要求細節，關鍵是保證大方向的正確。在這個框架的基礎上根據搜集的資料來完善思路，再逐步使決策接近精確——慢慢靠近，而不是一步到位。

最終成形的方案不應該只是搜集資料得來的，應該是根據具體的事項思考創新產生的智慧。在這個過程中，最重要的是頭腦的聯想、現實的應用和對細節的完善。

也許你會發現參考資料實在太多了，多到讓人頭大，但問題的關鍵不是資料，而是你自己的思路、方向和決策原則。我的建議是，與其抽象地關注「決策方法」，不如嘗試討論具體的問題，解決行動的障礙，哪怕是一個很小的障礙。例如，怎樣成功地說服蕭亮的妻子對他這次「膽大妄為」的行動「視而不見」，很顯然，這是一種現實困難，結果取決於蕭亮的勇氣、臉皮、膝蓋的繭有多厚和說謊技巧有沒有進步，但由此衍生的「資訊量」也很有益。

這件事告訴我們，一個正確的決策所需的工作是複雜的，最重要的不是結論（要不要做這件事），而是論據（該不該做這件事），前者是動機，後者是方向。

你要自己去分析與辨別，查找資料，站在宏觀的角度對資料進行取捨，完善思路。不過，我並不建議你向蕭亮學習，除非你還單身。

只有經過反覆的討論，我們才會發現自己的不足。能力需要在實踐中檢驗，寫在紙上的所謂的「能力」從來不是真實的，「能力」永遠需要從實踐中得出。從「完善思路」到「精準決策」的提升過程也是一個反覆討論的過程，和自己討論，也和別人討論，在討論中能發現自己的不足，看到自身能力（思考力和決策力）的閾值。思維缺點、決策劣勢、行動弱項、資訊盲區，只有在這時才會顯露出來。許多人缺乏實踐的機會，他們用偵探小說和智力題庫鍛煉自己的思考能力和決策能力，雖然有一定的幫助，但實際作用非常有限，基本上就是一種耗時耗力且捨本逐末的行為。

真正要做的事是，找到適合自己的思考系統，而不是遵循某些權威、專業網站提供的思考系統，它們並不適合普通人的「思考路徑」，學習它們有可能成功，但也有失敗的風險。

此外，對分析對象要有一定的了解，才能展開設計。對事物實現深度思考的基礎，是對分析的對象具有一定的了解，而不是一無所知。正確的決策路徑可以增進人們對事物了解的深度，但並不能從根本上保證決策結果的正確性。也就是說，決策之前，資訊的搜集和分析非常重要，它們能幫你設定一個正確的「世界觀」，否則你會很容易得出一個看似正確卻十分可笑的結論。

5

深度思考養成第五步：設計

聚焦，專注並執著於當下

資訊時代帶來便捷的生活，也不自覺地撕碎人們的時間、計畫和專注的意識，導致人們已不清楚自己是否「正在專注」。

貪心猴的故事

有一隻猴子住在森林裡，一天牠肚子餓了，便跑到森林外面。一開始牠遇到的是一片玉米田，裡面的玉米非常大，猴子很高興，扳了很多玉米抱在懷中。牠往前走，見到一片綠油油的西瓜田，牠看到大大的西瓜，馬上將手裡的玉米全扔了，抱起一個大西瓜繼續往前走。走著走著，牠來到了一片花叢，花比西瓜還香，花朵也很美麗，牠又丟掉了西瓜，摘了滿滿一大把鮮花。開心的猴子又往前走了一段，發現身邊圍滿了蝴蝶，牠便馬上將花丟掉，想抓幾隻蝴蝶，可是蝴蝶飛來飛去，牠一隻也抓不著。這時，天已黑，牠只好兩手空空回到森林，繼續餓肚子。

猴子到森林外面本是為了解決飢餓的問題，這是一個正確決策，是一個明確的目標，實施的難度也不大，只要牠能找到食物就可以了。但是為什麼牠會撿起西瓜丟掉了玉米，看見蝴蝶又丟掉了花朵，最終什麼也沒得到呢？

原因很簡單，這隻猴子忘了自己的初衷只是充飢。牠雖然做出了正確的決策，在行動的過程中卻被貪婪的本性轉移了注意力，開始關注其他目標。可以說，這隻貪心猴的行為正是大部分人的日常表現，他們的生活是被一個又一個的貪心牽著走的。

為什麼聚焦的能力如此罕有？

為何人們在看書或思考問題時，總是無法聚焦到事情本身，而是被其他資訊所困擾？

因為在資訊時代中，網際網路帶來便捷的生活和工作體驗的同時，也不自覺地撕碎人們的時間、計畫和專注的意識，人們現在已經不清楚自己是否「正在專注」

了，或許人們早就失去了聚焦思考的能力。

有一位聰明又愚蠢的投資者錢四。「錢四」是個化名，之所以不用真名是為了避免他本人在看到這本書後，情緒激動地在深夜打電話過來說，他對「我在書中揭他的傷疤」這件事感到萬分憤怒，同時又期待我對他的投資計畫提出建議。我十分反感這種自己明明有主見，卻仍然假裝謙虛地邀請別人替他做決定的行為。錢四是一個非常專業的投資者，他大腦中關於決策的部分可以排進全世界前一百名，說起市場走勢頭頭是道，這點我絲毫沒有吹噓；此外，他大腦中關於行動的部分也一定能排進世界前十。這正是今天市場上的「專業投資者」共同的特質。

從我認識他的那一天開始，他就在投資股票和基金，他以投資為生。後來他讀了巴菲特有關價值投資的書，宣稱為了讓自己專注起來，他會賣掉所有基金，專心投資股票。

在我看來，專注是一個蹩腳的藉口，學習巴菲特也只是個幌子，他是嫌基金的收益太低了，不如股票收益高。

錢四分析說：「市場看低實體經濟，說明相關的股票是未來的趨勢，完全可以抄底。我有幾個不錯的目標，重倉買入，未來等著發財即可。」在錢四的操作策略中，他將大部分資金放到四至六支他經過認真研究的股票中，等待六至十個月的時間，收益率將不低於25%，這比全球絕大多數的投資銀行收益率都高。他選中買入的行業有製造業、礦業、汽車業和金融業，那時這些行業正處於價格低迷期，沒人關注，不過他向來眼光獨到，始終認為這是一個好主意，於是他股票越買越多，隔幾天便對新的公司與行業產生興趣。幾個月後，他早已忘記最初的計畫，整個大盤劇烈下跌時，他持有的四百三十六檔股票虧得一場糊塗。

仔細分析錢四的投資史，會看到幾個顯著的特點：

第一，買入的股票數量從四支到四百三十六支，他的專注力被新訊息沖散，乃至忘了自己原來想做什麼。

第二，人們有聚焦的思維，但缺乏長期堅持的毅力。這是一個重要問題。

第三，執著於當下的目標對經過刻意訓練的人來說，也是異常困難的。持續的聚焦能力不僅是天賦，也是可遇不可求的能力。

很多人和錢四一樣，用愚蠢的行動毀掉了自己的英明決策。注意力渙散是人的本性，長期對一個目標聚焦是件很困難的事。男性讀者如果有陪女性逛街的經驗，一定深有體會——陪女性逛街的前三十分鐘是興奮與專注的，但三十分鐘後，你就會感到無趣乏味，精神開始渙散，大腦開始走神，你從逛街想到了球賽，從電影院想到了遊戲，從服裝店想到了家裡的沙發。再過三十分鐘，如果她仍然興致盎然地繼續逛，你很有可能會抱怨個不停。男性不用視此為缺點，也不用羞愧，因為女性也有使她們耐不住性子的東西，比如陪男性觀看拳擊比賽。總而言之，讓人在一件事情上保持長時間的專注是一項艱鉅的任務。

為何聚焦的能力如此罕有？長時間聚焦和堅持正確思路的難點及解決方案是什麼？以下是我的建議。

第一，不要強求自己一定要達到某種境界。千萬不要以為你一定能做到，你我都不是祖克柏或巴菲特。我們需要開發自身能力的上限，但最好別對大腦抱有不切實際的幻想。

第二，避免枯燥的工作環境。和嘈雜的環境相似，枯燥和單調也能削弱人的專注力。如果你感到心神渙散，可以聽一曲舒緩的音樂平靜一下。

第三，階段性地總結成果，用一個又一個成果加強聚焦力。不要妄想堅持到最後再檢查與驗收全部的成果，你可能高估了自己的耐心和承受力。制訂一個階段性計畫，每隔一段時間便去驗收成果，進行自我激勵。當你想分散精力，或被新的資訊吸引時，成果是大腦最好的興奮劑。

疊加的力量

有些東西是注定無法改變的，比如出身；但有些事情能夠自行選擇，比如專注。許多事情剛開始做時不一定能取得成績，例如可口可樂公司第一年只賣了二十五瓶飲料，市場給出的答案是否定的，銷售資料顯示未來的幾年也不怎麼樂觀。假如可口可樂公司的管理階層認為可樂沒有市場，急功近利地換成其他產品，其品牌也許就永遠埋沒於時代的洪流之中了。

換言之，站在長遠和動態的角度來看，專注是一切事物成長的基本動力；不專注，就沒有機會強大起來。

專注度決定人的思考深度。累積方能有成績，專注也具有疊加的力量——隨著時間的累積和資源的不斷投入，將一件事情堅持下去的效果會形成「滾雪球效應」。就像讀書一樣，只讀幾頁一般沒什麼收穫，單獨拿一章出來讀也可能感觸不大，甚至略感無趣，但當你專注將整本書讀完時，便會獲益匪淺。思考要堅持初衷，決策和行動也要不忘初衷。

本章說明的是養成深度思考的五大步驟：第一，搜集資料，為自己的深度思考開始打下紮實基礎；第二，歸納思路，建立自己的思維模式，不要過於依賴搜尋引擎，要學會獨立思考；第三，建立思維導圖，防止自己在思考的過程中越走越遠，越走越偏；第四，提升自己的綜合素質，在前三步完成之後，要提升自己的思考效率；第五，聚焦——唯有專注，我們才能真正解決問題，解決令人苦惱的困惑。

第七章

深度思考養成第六步：反饋

1. 跟蹤，永遠不要偏離主要目標
2. 修正，查補執行漏洞，讓下一步的思考更完善
3. 攀登，用不斷的小勝，累積成最後的大勝
4. 歸零，緊抓本質，讓思考「更少但更好」

深度思考養成第六步：反饋

1 跟蹤，永遠不要偏離主要目標

行動偏離目標十分常見，沒必要耿耿於懷，但要有「跟蹤檢查執行效果」的習慣。

第二次世界大戰期間，英軍上校尼克森帶領的部隊於一九四三年被日軍擊敗，他和士兵淪為日軍的戰俘。要知道成為日軍的戰俘是異常悲慘的，隨時都有被殺死或餓死的可能，為了改善同袍的待遇，尼克森無奈地答應了日軍的要求，帶領戰俘修建泰國西部地區的桂河大橋，以換取優待，比如取消體罰、不再隨意殺害戰俘、足量供應食物、提供必要的醫療等。作為一名優秀的軍人，尼克森做事嚴肅認真，他和戰俘僅用了三個月就修建好了桂河大橋。

你以為這是一個感人的勵志故事？不，它其實是一項目標與行動偏離的「認知悲劇」。大橋建成之後，尼克森和部下悉心守護這座由他們親手完成的宏偉工程，以致他後來接到英國發來的「炸毀大橋」的指令時，產生了強烈的牴觸情緒。「我為什麼要摧毀自己親手創造的成果？」當他最終意識到事態的嚴重性——桂河大橋開通後，日軍源源不斷將物資和裝備運送到前線，才如夢初醒。「我這個笨蛋都做了些什麼啊？」他差點背叛了理想與國家。

尼克森上校當了戰俘後，非常專注地完成了日軍交給自己的任務——建橋和護橋，卻忘記他作為英國軍人參加這次戰爭的目標，是贏得同盟國勝利。不得不說，尼克森今日的行動和他當初的目標之間發生了天翻地覆的偏離，如果不是及時醒悟，尼克森便不自覺地站到了盟軍的對立面，其所作所為就是在幫助敵方軍隊，背叛了自己的同胞。

如果缺乏及時的資訊反饋，人就會朝著錯誤的方向繼續行進，非但實現不了目標，反而還會與自己當初的決策背道而馳。你為此付出得越多，偏離就越大；之前的思考有多正確，現在的行為就有多錯誤。沒有反饋和修正，不但可能做無用功，而且可能會產生負面作用。

「偏離目標」是常見現象

實際行動偏離正確目標的現象在工作和日常生活中十分常見。我認識一位努力勤奮工作的朋友W，他也是「懷著正確目標去做錯事」的典型。W畢業於上海復旦大學，後來又到美國普林斯頓大學深造，是普林斯頓大學的精英學子組成的「狼俱樂部」的會員，這個俱樂部一聽就是要做大事的。W給自己制訂的人生目標是用高學歷獲得高起點，先進入大公司工作，累積一定的人脈和經驗、擁有一定的積蓄後再出來創業，創立自己的科技公司，就像李彥宏（百度公司的創建者）等人那樣獲得成功。

計畫的前半段執行順利，他在矽谷每天加班努力地工作，不斷升職加薪，累積了豐富的經驗，也有了豐厚的存款，最重要的是結交了很多有實力的朋友。他成了有錢又有能力的業界新貴，前途一片大好。

然後他結婚了，進入了計畫的後半段。由於工作過於繁忙，W沒有時間陪伴妻子，公司和家雖相隔僅二十英里，兩人卻過著週末夫妻的生活，有時甚至一個月都見不了一次面。就在他即將邁出創業的步伐時，婚姻觸礁了，接下來，他又經歷了兩段婚姻，都以分手告終。他離了三次婚，分了三次財產，導致積蓄迅速縮水，他的創業計畫也隨之夭折。現在，十二年過去了，W仍然沒有足夠的錢啟動創業項目，他的雄心壯志也化為泡影。他處理不好自己的感情生活，沒人願意投資一個婚姻經常出問題的創業者。

人們會因為各種原因偏離自己初始的工作目標。比如，受到外界因素影響時、有情感因素介入時、過於忙碌而無暇總結時、行動遇挫而感到困惑時，都會倉皇地走錯方向。當你的行動路徑完全偏離目標，不僅行動徒勞無功，還可能對自己人生的其他方面產生驚人的破壞力，最明顯的後果是自我懷疑——你不再相信自己能做好計畫中的事情。

為了防止這種情況發生，我們需要做到以下三點：

第一，決策和行動的過程很重要，但結果更重要，因為結果是驗證思考的唯一標準。

第二，行動偏離目標十分常見，沒必要耿耿於懷，但要有「跟蹤檢查執行效果」的習慣。

第三，制訂「跟蹤計畫」，最好的辦法是定期和階段性地進行總結，為此要建立執行清單，記錄和檢查行動與目標的一致性。

人類活動最理想的結果莫過於達成自己的目標。那些擁有深度思考能力的人在做事之前非常清楚自己的目標，和大部分人一樣，他們之所以總能沿著正確的方向前進，實現自身的價值和夢想，是因為在前進的同時執行了一份「跟蹤計畫」，這份計畫對現實具有優秀的反饋能力。在實現目標的過程中，人們必然時常被一些意外因素干擾，以致中途偏離了原來的軌道，與最初的目標漸行漸遠，甚至南轅北轍。「跟蹤計畫」的作用就在於及時調整方向盤，在耗光精力之前，將跑偏的車開回正確的道路。

確保行動和目標的一致性

在執行「跟蹤計畫」的過程中，如何真正確保行動和目標的一致性？無論工作多麼忙，你在抽出時間檢查過去一個週期的成果時，都要認真思考一個問題：「我目前的行動和目標是一致的嗎？」要反覆質問自己這個問題，直到得出一個「最接近真實的答案」。因為大腦有逃避現實的習慣，人在判斷出現失誤時大腦會潛意識想遮掩過去，即便是與自己內心的對話，大腦也會存在僥倖心理。所以，需要反覆詢問自己，並用事實論證分析，來說服大腦面對現實。

當行動與目標已經發生偏離時，無論事情已發展到哪個階段，你都還有機會及時調整方向，除非「放棄治療」。另一種情況，如果你從不檢查自己的行動路線，只是一味地埋首工作，並以「忙得要死」來自我感動，就會在偏離最初制訂的目標之後，發現自己這一路走來所做的不過是大腦給自己導演的一場戲而已。你偏離目標的勤奮和努力沒有改變什麼，給自己留下的只有失望與挫敗。

行動中的「干擾」時時存在，不可避免。例如，你在閱讀本書時，被電視劇、體育比賽、朋友聚會等意料外的事打斷並分散了注意力，然後就忘了今天的目標其實是讀完本書，而不是做其他活動。你大概在連夜寫工作報告、做ＰＰＴ、執行月計畫、求職面試時都會遇到相似的情況，總有其他資訊親熱地靠過來，誘惑你改變現在的方向：「休息吧，明天再寫。」或者：「這個領域的工作不好找，換個方向不好嗎？」然而，我們要知道，在往既定目標前進時，只有抵擋住外界的誘惑，排除干擾，才能堅定不移地完成任務，實現你辛苦思考得來的成果。但如果你的信念不夠堅定，就可能被這些干擾訊息轉移注意力，忘記自己的初衷，稀里糊塗地跳到另一條軌道上去。

排除干擾需要兩種方法，一種是重複抽離的步驟（詳情請見第三章），將無關和有害資訊抽離出去；另一種是意志力。你一定要有堅定的意志力，儘管意志力像寄居在窗台的貓一樣來去不定，難以控制，但我們仍要堅持訓練意志力，直到足以抵擋所有的誘惑，排除各種不利的干擾因素。人很難一直做到堅定不移，但起碼要保證在一個行動週期內是相對認真和頑強的，不要輕易放棄要做的事情。

將目標具體化並及時糾正

相比過去，如何才能讓自己有更清晰可見的目標感？

第一，把宏偉目標細化為若干個子目標。不要嫌它們過於瑣碎，每一個子目標都要具體化和清晰化，並且能夠用數據量化管理。這樣做的目的是讓你對執行效果一目瞭然，降低行動脫離根本目標的風險。因為數據是最容易跟蹤的。

第二，行動路徑一旦與目標出現偏離，便立刻糾正。人們常犯的一個錯誤是「感覺不到小失誤所蘊藏的巨大危害」，對於中間微小的偏離不以為意，當出現大的偏離時其勢已成，你已無能為力。因此，當自己所做的工作與目標相悖時，哪怕是很小的偏差，也要立刻採取措施把它修正過來。「不讓問題過夜」是糾正偏離的基本原則。

深度思考養成第六步：反饋

2 修正，查補執行漏洞，讓下一步的思考更完善

一定要擁有對決策和行動的修正策略，時刻查補行動中的問題，完善思考路徑，對錯誤的規畫和行動踩下剎車。

如果行動力沒有問題，錯的是決策，該怎麼辦？如果思考本身有誤，執行也一定會出現問題，這會是一個讓人難以接受的失誤，因而也更值得重視。現實中許多人都有一個明顯的特點：走一步看一步，對於未來的目標和下一步的行動均缺乏規畫。他們對於事物的思考虎頭蛇尾，準備不足，執行起來往往是三分鐘熱度，欠缺持續到底的動力，這導致許多人會出現第一天幹勁十足，第二天就已偃旗息鼓的狀態。但更嚴重的後果還在後面，人們往往走到最後才發現，自己過去幾個月甚至幾年來的思路其實是錯誤的。努力了這麼久，付出了這麼多，最後發現結果不是自己想要的——現在的你竟然是過去的你所討厭的。這種現象是普遍存在的。

假如自媒體工作者L對他的事業沒有規畫，他可能今天寫點趣聞軼事，明天寫點廣告文案，始終沒有一個明確的自媒體經營目標，接下來會發生什麼事呢？那就是想到哪兒做到哪兒，上個月粉絲增加了五百個，這個月卻下降了一千個，如果連續幾個月粉絲數量都在下降，這個數據反饋回來，可能就會引起他的焦慮和挫敗感。也許再過幾個月，他會痛定思痛去某個公司找一份朝九晚五的工作，走上另一條人生之路；也許他還會繼續經營自媒體，每天看著粉絲數量不斷減少而焦躁不安。這種生活不是他想要的，但他仍沒有根據反饋的資訊調整自己的經營策略。

因此，一定要擁有對決策和行動的修正策略，時刻查補行動中的問題，完善思考路徑，對錯誤的規畫和行動踩下剎車。自媒體工作者L的例子是一種推向極限的分析方式，我們從中可以看到：缺乏規畫會讓人不清楚後面的行動步驟，規畫有誤則讓人對任何短暫的挫折感到憂慮。

你的動機可能是好的，出發點正確，卻沒有一個正確可行的方案，以致做事虎頭蛇尾，沒有辦法將整個計畫貫徹完成。同時，我們要學會反思，找到是什麼導致我們努力得到的成果和預期目標出現了偏差，並及時糾正我們的錯誤。

問題一：是壓力導致了失誤嗎？

壓力往往是多方面的，有社會、環境、工作、生活、政策等外部因素造成的種種壓力，也有來自人們自己內部的壓力，例如精力、情感、財務壓力、過勞工作等。現今社會人人都在承受壓力，壓力越大，思考難度越高，決策和行動的失誤率也會越高。

【修正和查補策略】：壓力無法消除，但你可以對症下藥，減輕這些壓力對自己決策、執行的影響。比如，在壓力過大時避免做重大的決策，將難度較大的工作安排到自己狀態最好的時候處理。同時，分析壓力的根源，適當減輕壓力，盡量讓自己輕鬆點生活。

問題二：是你的個人因素導致了誤判嗎？

每個人的性格、情緒控制力都存在或大或小的差異。有的人意志力強大，不管發生什麼事都能不動如山；有的人則敏感脆弱，一點風吹草動便可能讓他舉止失措。個人對壓力的敏感度和對情緒的不適應度，都會影響思考、決策與行動，最終表現到執行力上。越是優秀的人越擅長情緒管理，他們能十分冷靜地對待人生的起伏，不被簡單的得失干擾自己後續的判斷。

【修正和查補策略】：雖然人不能徹底改造自己的性格，但可以有效地控制負面情緒，並對自己的性格進行某種程度的優化。你可以寫下一份情緒清單，記錄並統計自己的負面情緒，然後一項一項進行練習，循序漸進地矯正，發揮自己的性格優勢，揚長避短。

問題三：是環境因素導致了執行偏離嗎？

人是社會性動物，也是團隊生存的典範，環境因素對人的思考、決策和行動力的影響是巨大的。有句話說：「環境影響命運。」如果你從同事、親人以及其他地方獲得的精神、資訊和物質支援不足，執行也可能出問題，甚至從決策階段就會犯錯。比如同事給你的數據錯誤（有意或無意的）導致你計畫出錯，進而讓行動失敗，實現不了目標，這是十分常見的事。

【修正和查補策略】：雖然無力改變環境，但你能強化自己搜集資訊、獲取資源的能力，增強對環境的了解。前面我講過一些定義、搜集、篩選和分析資訊的原則，這些原則能幫你避開環境設置的邏輯陷阱，表現得比別人「更聰明」一些。

問題四：是信心下降導致執行無力嗎？

信心是一種「不確定資源」，它表現了人們從小到大由無數的成功、失敗、困惑、反思中建立起來，應對各種問題的主動性和取得勝利的「樂觀指數」。信心充足時人們敢於挑戰困難，信心下降時則容易畏首畏尾。

有的人做事一開始時氣勢如虹，頗有一種改天換地的氣魄，可隨著時間推移，他們慢慢地疲軟下來。這種情況的出現除了能力不足，還有信心下降的原因。在嚴重缺乏信心時，我們可能連思考的興趣也沒有了。

【修正和查補策略】：重振信心的祕訣在於從過去的成績中提取系統化的經驗，給自己強烈的正面回饋。比如，我很擅長做銷售，我是市場策畫高手，我在寫作上有非凡天賦，我擅長財務審計，我是家庭的頂樑柱……用源源不斷的正面因素刺激和激勵自己，讓信心盡可能保持下去。

問題五：是技能欠缺導致了行動偏差嗎？

技能包括人們從自己的經歷和周圍環境中學到的各種行動技巧，以及解決問題的思維能力。根據哈佛商學院的統計，工作中有67%的計畫功虧一簣是由於執行者的能力不足，而不是計畫有誤。工作技能的欠缺讓這些人即使深思熟慮、計畫周密也很難有一個好的結果。這個問題既廣泛又具代表性，但是除了實質性地提高工作技能外，並無其他解決方法。

【修正和查補策略】：除非你準備降低計畫的難度，調整你的思考和決策，否則只能理性地評估自己的能力上限，檢查和羅列一張「補習清單」，根據清單把相關的能力提升上去。比如，從事財務工作的人需要學習財務知識；投資理財者需要了解市場規律，學習各種理財產品的投資規則等。這樣，等你真正去做一件事時，執行漏洞便少了很多，正面回饋也會增加。

3

深度思考養成第六步：反饋

攀登，用不斷的小勝，累積成最後的大勝

方向對了，堅持不懈地一步步獲取小勝，量變終究會引起質變，達到大勝的目標。

華爾街資歷幾十年的老操盤手威廉於二〇一六年宣佈退休，他在自己的職業生涯中輾轉十幾家投資銀行，最多操作過四億美元的基金，為老闆創造了二億美元的收益，也為自己賺了三千萬美元。退休後的威廉開始寫回憶錄，他說：「一個投機主義者是不會分析自己的成敗得失的，他總是相信手氣而不是數據，儘管數據會告訴他一些黑色經驗，提醒他前面的危險，但他並不真的在乎這些。事實上，頑固的理想主義者在本質上也是投機主義者。」

威廉的最後一句話讓我想起創業者C和他的商業計畫書，還有他對投資人的憤慨。無論在專業和並不專業的投資人面前聽到多麼堅決的否定，創業者C從未動搖

過半分。他堅持要做好一個專案，堅信總有一個機構願意拿出真金白銀，支持他的宏偉藍圖。我有一萬個理由相信他有變成下一個祖克柏、雷軍或馬雲等商業精英的潛質，他身上有商業大佬的影子，但這改變不了他從頭到尾散發出來的濃烈「理想主義投機者」氣質。威廉想說的是，一顆股市賭徒的腦袋和一顆理想主義創業者的腦袋在本質上是相同的，凡是「十分認真地賭手氣」的行為都是投機主義。

從股市回到人生的投機份子是如何對待生活的？他們會反省「當年我是跆拳道冠軍，如今卻被小蟊賊打敗」這樣的問題？還是像威廉一樣感覺自己做的事情不過如此？投機主義者與失敗的創業者的思考模式幾乎一模一樣，他們不會思考失敗的原因，他們也從不低頭看路。討論這個問題的意義在於，你能否在不斷自省與反饋中提升自己的人生段位，讓每一天都比昨天更進步。但投機者從來不屑「專注於每一天」這樣的命題，投機式的思考追求的是一次驚天動地、萬人膜拜的大勝，而不是默默成長。

聰明人死於「不專注」

蕭亮有時候發現自己也是一個做事不夠專注的人，他和股市的投機份子一樣喜歡追求大勝，意圖讓自己的目標一蹴而就，不願耐心等待在夜以繼日的澆灌下開出的芳香之花。蕭亮有時候又覺得自己過於專一，因為二十年來他做的都是同一門生意，哪怕賠得要當褲子了也從來沒想過改行。他非常虔誠地對待自己的工作，與客戶溝通，耐心聽取他們的心聲，研究各種人的心理，再為他們制訂策略。這是他的特長，他在時間的流逝中不斷增強自己的能力，如今賺到了不少錢。

作為一個「真正的聰明人」，你的所作所為應該不同於那些大眾眼中看起來很聰明的強者，你該如何保持自己的思維優勢，並將思考的成果兌換為真實的競爭優勢呢？答案其實很簡單：專注。儘管只有兩個字，做起來卻很難，因為專注是反人性的。人性本就活潑好動，天生喜歡廣撒思維種子，對一切有趣好玩的東西有源源不斷的好奇心，但不幸的是，凡是需要專注的東西一點都不好玩，比如寫作業、研究數字、練習一千次排球扣殺等等。

許多聰明人的缺點是不專注。越是聰明的人，他的眼界就越開闊，機會也就越多。聰明人總是這樣的，他們頭腦靈活，善於見縫插針，但這種局面總會讓他陷於非常倒楣的境地：由於他的機會很多，腦子靈活，略一投入就小有成就，賺錢也很容易，所以他覺得自己很厲害，做事便不專注起來，有相當一部分的聰明人的行事都符合這個規律。於是，這些人和「專注頑固的笨蛋」競爭到兩年時，聰明人自然是贏家，因他們是短跑能手；競爭到十年時，你會看到死在路上成為墊腳石的，大都是不專注的聰明人，那些「專注頑固的笨蛋」還活著，而且慢慢跑到了前面。

「你要堅持在擅長的領域做對的事」，這句話的關鍵點有兩個：一個是「擅長的領域」，另一個是「對的事」。在今天這個社會，只要你願意花時間打磨一種技能（擅長做什麼），開發自己的思維優點（擅長想什麼），就會擁有屬於自己的領域。如果能沉下心在這個領域持續做下去，不斷累積微小的優勢，那麼你終將成為這個領域的高手，做好「對的事」，這就是專注的力量。道理很簡單，但為什麼99％的人做不好呢？因為投機會使人一有機會就蠢蠢欲動。所以要堅決抵制內心妄圖投機的衝動——這種衝動會不定時跳出來「撓你的大腦，吹你的心口」，與這些誘惑長期作戰，堅持只在擅長的領域做「對的事」，你就能獲得成功。

方向正確，小勝才能變成大勝

阿里巴巴剛成立時，馬雲手下只有三個人，他擁有的是一家小公司，和今天千千萬萬個創業者沒什麼兩樣。他從創立中國黃頁起步，到創立阿里巴巴網站、淘寶網、支付寶、螞蟻金服，每邁出一步在當時看來都是艱難並充滿爭議的。但這條奮鬥之路走出來後，人們豁然發覺，馬雲已經組建起一個偉大的團隊，建立了一個龐大的商業帝國，並且形成了完整的商業生態。從商業的角度來看，這是一個攀登的過程；從思考的角度來看，這是一張不斷深入並延伸的智慧之網。一個人擁有了這種能力，就等於拿到了通向成功的通行證，想不成功都難。

成功者最大的底牌就是專注。專注能讓你立於不敗之地，然後再一點點累積優勢，持續成長——無數的小進步相加，匯集成大進步。

近些年來，不斷有人問什麼是成功，我的回答是：「成功是聰明人用笨功夫結出的果實。」記住這句話很容易，但是想用「笨功夫」來實現自己的成長有一個基本前提——你為自己選擇的方向是正確的。本書不只一次地討論到「方向」，方向有兩個含義：①你所做的事情是你擅長的，這是你的地盤，你的領域；②你所做的事情符合規律，你正在順勢而為，而不是逆風行船。這兩者缺一不可。

方向對了，堅持不懈地一步步獲取小勝，量變終究會引起質變，達到大勝的目標，但只要有一項不具備，難度就會上升成千上萬個等級，即使擁有再強的思考和行動力也很難順利實現目標。這就是為什麼許多人雖然奮鬥了幾十年，小勝不斷，卻無法登上頂峰——因為他的方向有誤，支持他取得較大成果的因素並不充分，而他自己並不清楚這一點。

深度思考養成第六步：反饋

4 歸零，緊抓本質，讓思考「更少但更好」

用80%的精力來學習20%的精華，抓住它的本質，處理好它的核心要素。這是實現「更少但更好」的最佳策略。

先來設想一個情景，你現在非常想學習天文學知識，覺得天天看月亮、數星星遠遠不能滿足自己對宇宙的景仰，你會怎麼做？

在習慣的驅使下，人們首先會去尋找有關天文學的書籍。網路書店裡的天文學書籍到處都是，有國外的、國內的；有英文版和中文版的；有晦澀難懂的，也有通俗易懂的，種類齊全。你費盡心思，精挑細選，花了幾個小時終於相中了二十本，放進購物車，把它們全部買了回來。收到書之後，你滿意地把它們擺到書架上，覺得自己好像已經是天文學家了。但你後來發現看書太累了，而且你的房間有這麼多書，自己卻毫無天文學基礎，根本不知道先看哪一本，還不如去看那些專注於推廣天文學的微信公眾號，或者報名參加一些天文俱樂部，買個望遠鏡去看銀河。

然而一段時間後你又發現，現在關於天文學的微信公眾號實在太多了，壓根兒不知從哪裡入手，讀書會和俱樂部的形式對於掌握這個領域的知識好像幫助都不大，你離有所成就還是很遙遠。於是，你開始迷茫：「這麼多東西我什麼時候才能學完呢？」然後，你腦海中就響起了另一個聲音：「不對，一定是因為我不懂得分配自己的時間和精力，如果我學習了時間管理和精力管理，我一定可以迅速實現目標。」

最後的結果顯而易見，你選擇放棄學習天文學，報名參加時間管理和精力管理的培訓班。因為這個跨的範圍有點大，所以從培訓班畢業時，你對天文學已經毫無興趣了，連中秋夜的月亮都懶得看一眼。

我們時常走著走著，便忘記了來時的路，最後不知道自己想要什麼。這是很多人學習、工作和生活的現狀，但你對這個狀態並沒有什麼不滿，因為你會努力向別人解釋，告訴人們自己這麼做是有道理的。當朋友過一段時間再去你家，發現你又開始研究金融，想成為「金融達人」，這畫面是不是很熟悉？如今，我們處在一個機會更多而成功率卻更小的世界，這個世界處處有機會，也處處有競爭，在一個處處有競爭的環境中，我們需要做到的不是擁有全面的能力、讓自己樣樣精通，而是專注於提高自己的核心競爭力。

①你擁有哪一種「非我不可」的優勢能力（做得最好）？

②你能否迅速抓住事物的本質（思考最精確）？

③你有沒有一種低成本、高效率的思考和行動力（投入產出比最高）？

當社會資源無比豐富時，思考和選擇的能力比執行力更為重要。但從另一個角度分析，你又可以看到，控制思考和執行成本的能力才是競爭的「核武器」。你讀了哪些書、認識哪些人、有什麼背景、想做什麼事，這些都不是重點，它們雖然重要，卻不是核心，關鍵是你能否高效率地深入分析這個世界，比別人更快看透本質、抓住本質，採取準確、直接和決定性的行動。

如何做到「更少但更好」？

在前述學習天文知識的例子中，你遇到的問題，全都指向同一種能力——用深度思考做出選擇的戰略能力，即一定要找到並且實現那一條讓我們「思考得更少但效果更好」的路徑。

許多與思考有關的書、頭銜漂亮的專家都會向你灌輸「專業」和「精通」的成功法則，但本書希望你明白的是，你不用將這兩頂帽子死死戴在頭上，強迫自己在某一個領域做到一百分，然後再去了解別的事物，這樣的話，你永遠也趕不上時代狂奔的速度，也很難在一個特定的平台和情境中擁有犀利、超前的思考能力。

我的建議是，與其拿出全部的精力投入一個領域100%的要素中，不如用80%的精力來學習其中20%的精華，抓住它的本質，處理好它的核心要素。這是實現「更少但更好」的最佳策略。除非你天賦異稟，擁有和愛因斯坦同一型號的大腦，否則不要押上你全部的賭注。

回到想成為「天文達人」的故事。現在看來，你並不需要急於對自己的時間管理和精力管理方面的弱點表示失望，你完全可以先通過網路引擎、線上書店等搜索管道歸納天文學最精華的20%內容，再用買來的二十本書慢慢地充實自己在這方面的知識漏洞，有序地閱讀它們。在這個知識補漏的過程中，一邊讀書一邊做筆記，為自己的天文學學習之旅做一張清晰的思維導圖，整理成清單。這個過程走下來，你可以在最短的時間內清楚自己學習了哪些天文學知識、還有哪些不足、下一步應該怎麼辦，久而久之，你便會成為自己所在的圈子最懂天文學的人之一。

搶佔首位，緊抓重點

世界第一高峰是聖母峰，第二高峰是喬戈里峰，後者僅比聖母峰低了二百多公尺，可大多數人只記住了聖母峰，知道喬戈里峰是世界第二高峰的人少之又少。這說明了搶佔首位、緊抓重點的重要性。首位既是事物的核心要素，也是人們日常關注的焦點，是改變事物的根本力量。

搶佔首位，就是做高價值和高優勢的事。這是由社會和自然這兩大系統的特點決定的，凡是系統、群體、組織性的東西，都有其不可替代的重點與決定性的核心要素，只要能夠持續抓住重點與核心要素，就實現了搶佔首位的目標，找到了對事物進行深度與高效率思考的鑰匙，就能做好高價值與高優勢的事。這正是提升思考能力的最終目的。

了解規律，才能更好地思考。事物的本質是什麼？怎麼定義「本質」這個詞？面對未知的事物又該如何解析？閱讀完本書，你對這三個問題就不會再感到懵懂了。

頂尖的思考高手之所以頂尖，並不是因為他們比你努力，而是他們比你更懂這個世界的運轉規律，比你更理解這個社會的基本邏輯；他們處理問題時能夠返璞歸真，化繁為簡。如果你能向他們靠近，擁有這種能力，也可以讓自己的思維躍進，對事物有更好的思考，確實地改善自己的生活和工作。

尾　章

培養深度思考的 100 個方法

❶堅持以目標為導向的思考

每一天都要設置一個小目標，還要有堅定明確的長遠目標，把它分解並分配到每一個小時，讓它們引導思考。每天必須要做的事，就是處理好計畫表上那些重要但不緊急的工作，思考如何按時解決它們——其中大部分是淺思考模式可以應對的。對於未來人生的發展有重大影響或足以決定未來方向的事項，要分配到所有計畫中最優先的位置，當你發現有這樣的事項時，就要對它們進行重點的深度思考。

❷可控時間非常重要

因為深度思考的保障來自可控時間，時間不可控，思考便無法集中和深入，只能屈就於淺思考。什麼是可控時間？除去工作、吃飯、睡覺和娛樂，一天中剩下的可以自由分配的「自我思考」時間，即可控時間。

這段時間因人而異，有的人在清晨，有的人在深夜。總之，必須要有一段固定的、完全屬於自己的可控時間，以保證思考的時間和品質。

❸不要指望用靈感解決問題

當然可以期待靈感的出現，就像燒香跟神明祈禱，但要明白靈感產生的基礎不是天賦，而是每天足時足量的辛勤付出，是長時間正確思考的累積，是知識系統趨於完善的結果。天上不掉餡餅，上帝也從不用靈感打賞人，思考的成效，與平時的付出成正比，沒有捷徑可走。

❹向真正的專家學習

除了埋頭苦幹，負重前行，向社會精英學習也是非常有必要的。這能讓你掌握一些高效率解決問題的方法，少走很多彎路，而不是像大部分人那樣每日忙著「假裝在解決問題」。真正的專家，他們的時間很寶貴，絕不經常拋頭露面，所以不要相信那些全國飛來飛去、四處開課演講、以「當專家」為生的傢伙。

❺如何才能真正獨立地思考？

不要把道聽塗說的答案當成自己的答案，也不要把別人的思想當作自己的思想。獨立思考不是求之於外，而是求之於內，要通過自己的理解得出答案，外界的資訊只能當作參考。

❻對事物多層次理解和多層次分析

培養深度思考的過程即是多層次理解、多層次分析的過程。「多層次」是指看待一件事物的不同角度，每一層次的理解與分析都可能得出不一樣的結論。綜合所有的層次思考事物，才能獲得較為真實的觀點。

❼深度思考需要慢，不是快

古人說「靜定生慧」，思考需要靜，不需要躁。網路的發展讓人們認為思考的速度越快越好，越快越節省時間，其實這是錯誤的認知。當人們變得越來越浮躁，思考也就變得越來越膚淺，這已成為「淺思考」的普遍現象。在又快又淺的思考模式中，你學到的知識越廣泛，就離真正的智慧越遠。如果你不能克制浮躁和衝動，定下心來深思熟慮，就很難培養出冷靜透徹的思考能力，只能人云亦云。

❽學會內化思考

將大家給出來的資訊接納並轉化為自己的內在思考，即你能夠將知識、資訊、問題、思考等以自己的語言表述出來，形成自己的觀點，而不是照本宣科地複述別人的思想。

❾創造新的思考系統

善於思考的人總能別出心裁、自成體系，具體表現為個人對於新概念、新思想的開創，使其內在智慧迸發，從追求知識轉化為傳播知識，使思考昇華。人類能一步步發展到今天這樣的高度文明，無不仰仗無數偉人的思考及其思想的精髓。

❿擁有活躍、多元開放的創新思維

遇到的問題越複雜，制訂的目標越高，需要思考的層次就越深，花費的時間就越長，進而付出的成本也就越大。這要求我們必須擁有活躍的、多元開放的創新思維，用創新方式思考問題，用創新方式設計路徑，用創新方式去執行、回饋、檢查和修正。創新思維越強，思考就越透徹。

⓫學會自己提出問題

「問題」是發起任何思考的起點，深度思考就是從質疑性的提問、求知性的提問、探索性的提問、好奇性的提問等無數提問開始的。一個又一個具有針對性的問題會幫助你發現真實的答案，提高自己的思考能力。

⓬用80％的時間學習20％的精華

優秀的思考要達成「思考投入和思考產出的非線性」效果。拿出80％的時間去學習20％的精華，用80％的精力去處理20％的核心資訊，搜集最好的思考資源，汲取智慧，方能達成以上效果。

⓭每一件事都要抓住重點

資訊分佈的特徵是高度的「不平均」和「分情形」。我們每日面臨的任務也是如此，有著不特定、不平均的優先順序，這意味著每件事都要懂得抓住重點，而且是持續抓取。也就是要搶佔高價值任務的頭，重點思考和解決這些事項，實現思考與行動的高效率結合。

⓮專注是思維頂尖高手的籌碼

專注能讓人立於不敗之地，通過專注的思考，對問題抽絲剝繭，可以逐漸深入本質。專注也是遮蔽無關資訊的有效方法，是思維頂尖高手的籌碼。可以這麼說：沒有專注，就沒有深度思考。

⑮離開智慧型手機

除了吃飯、睡覺，一天至少為自己爭取三到五小時遠離手機和網路，因為依賴智慧型手機和網際網路會讓人變得更加不願意思考，只會被動、不停歇地接受手機推送的資訊。有研究顯示，在智慧型手機上花的時間越長的人，往往在思考上越缺少分析的動力，這屬於典型的「淺思考人群」。

⑯別在乎網路輿論

如今，網路輿論的喧囂使人們的思考變得更單一、更浮躁。網路把人們的思維改造得越來越速食化，使人無暇靜心關注事情的本質。如果你經常關注網路輿論，特別是負面新聞，你的精力便很容易陷於那些充滿刺激性、衝動性的思考中，無法專注處理更重要的事情。所以我建議你制訂一份斷網計畫，定期把網路輿論隔離在視線之外。

⑰適當地告別搜尋引擎

如果你習慣遇事問網路，讓搜尋引擎代替你思考，那麼你自己思考的時間便會越來越少，找到正確答案的時間也將越來越長。搜索引擎告訴你的是別人的答案，它不能開啟你自己的思考。事實上，一個人對搜尋引擎的依賴性越強，他就越沒主見，知識量也就越低。

⑱如何對待「拿來主義」？

對待「拿來主義」的態度表現了你獨立思考的能力，習慣把別人的經驗拿過來，往往會讓你忽略自己的思考。因此，思考問題時既不能排斥別人的觀點，也不能完全依靠外界的資訊。要把搜集到的資訊和經驗作為自己思考的材料，在他人的經驗基礎上總結提煉出自己的智慧。你可以沒有創新能力，但一定要有自己做出選擇的能力。

⑲避免下意識和情緒化的反應

我們提倡具有分析性的思考，理性而冷靜地思考問題。想實現這個目標，就不能下意識地做出決定，也不能有太多情緒化的反應。我建議你「遇事等三秒」，至少爭取三秒鐘放空的時間，在這三秒內，不要思考當前的問題，讓自己擺脫負面情緒和衝動，等心平氣和後，再回來正視問題，開始思考。

⑳避免讓偏見影響思考

人都會對事物有偏見，你要如何糾正自己的偏見？芝加哥大學心理學家波亞茲．凱瑟曾根據一系列的實驗提出建議：適當地用外語思考可以減少這種深層的、具有誤導性的偏見。這是因為，用外語思考為人們提供了一個較遠的「認知距離」，讓你從原有的思考狀態中跳脫出來，進行理性思考。

除此之外，我還可以給大家一個建議——每當你要發表觀點或做出重要決策之前，先從相反的立場詰問自己：「我是否受到了某些頑固思想的誤導？」然後推翻自己的結論，看看另一種想法是否可行，如果可行，則說明你之前的思考在某種程度上已經受到了偏見的影響。

㉑別用投機的方式解決實際問題

讀過本書後，你應該連結自己的實際生活，找到你知識和行動模式中匱乏的東西，發現思維系統中最功利的一面，從而學習你想擁有的思維，提高思考和行動的效率。另外，讀書不是為了思考，而是為了解決實際問題。從本書中學習靜下心來思考問題本質的技術，讓自己能夠清晰地分辨智慧和技巧的區別：技巧會被用來投機，智慧才能解決問題。不同的方法會產生不同的結果，所以一部分人從書中學到的是真正的智慧，而另一部分人只看到了投機鑽營的技巧，成為懷有過多功利心的人。

㉒少犯甚至最好不要犯「自以為是」的錯誤

不可否認的是，大多數人都會犯同一種錯誤：在尚無實際經驗的情況下自以為是地認為「我已經懂了」，但其實連一知半解也沒有達到。不怕不知道，就怕自以為知道。人們總是這樣，太容易被虛榮和自大的心態蒙蔽雙眼，然後一直錯下去。我希望你和我都不要犯這種錯誤，分析事物時不要自以為是。

㉓如何簡單地擁有自己的邏輯思維？

好的思考方式能夠幫助人們看清事實，得出精妙的結論。越是實用的思考方式就越簡單直接，且理解和接受起來都不複雜。如何才能用最小的成本獲得自己的邏輯思維呢？一是不要輕易順著別人的思維去思考問題；二是要懂得追本溯源，找到問題的根源，不被事物的表象所迷惑。只要擁有了自己的邏輯和思維，恰當地使用，就能讓自己的思考更有深度。

㉔財富、地位和權力無法帶來真正的智慧

如果你現在依然覺得，有錢、有權、有地位的人一定比普通人更聰明，那麼你就會成為一隻容易上當的「小綿羊」。財富、地位和權力並不能帶來真正的智慧，充其量只能為這些人披上多層偽裝，讓你覺得他們深不可測。智慧不是由外在條件塑造出來的，它是在大腦裡醞釀出來的。讀過本書之後，你就要當心那些擅長用財富、地位和權力來掩飾自己愚蠢的傢伙，越是喜歡展示外在條件的人，可能越虛。

㉕如何發現自身邏輯的盲點？

覺得沒有問題、不需要認真思考的地方，恰恰可能是自身邏輯的盲點。一般來說，女性在邏輯思維能力上會比男性稍顯劣勢，這絕對沒有任何性別歧視的意思。在女性身上，思考能力會在不同時段和情境呈現波動，我們只需要看一看戀愛中的女性便可知道，她們的確漂亮、性感、溫柔，但很少有清醒的邏輯可言，即便是女強人也很難避免這樣的狀態。所以當你恰巧讀了此書，看到了自身邏輯存在的盲點，就能從自己身上看到很多似乎不存在的優點，避掉那些容易使自己掉進思維陷阱的盲點。

㉖要有主見，也要有「支持主見」的嚴謹邏輯

當你表現得很有主見和思維引導力時，即使你的觀點是錯誤的，別人也會看重你的觀點，而且會改變他們自己的想法，認為你是正確的。這就是主見的影響力和由此散發出來的魅力。有時這根本無關對錯，人們青睞的是你的思維魅力。反之，如果你毫無自己的主張，表達看法時謹慎小心，凡事喜歡看對方的臉色行事，自己的思維邏輯也不嚴謹，就不免會讓人覺得你是一個不懂思考的平庸之輩，最後，你不但在眾人面前保不住自己的「可信度」，還會讓對方打從心裡瞧不上你，即便有時你的立場是正確的，邏輯是嚴謹的，也難以獲得他們的認可。

㉗別怕「被人討厭」，這不一定是件壞事

你經常因為別人對你的指責煩心嗎？你害怕被人孤立嗎？想開一點，這根本沒什麼。一個人最大的成功就是有一群人「不約而同」地孤立他，這說明他沒有盲從群體觀點，保持了自己的獨立性；他也可能是因為自己不同的見解侵犯了很多人的利益，但這並不一定是壞事。

總之，不要試圖討好所有人，做好你自己最重要。

㉘堅持而沒有成功，有時不是方向錯了，而是你的思考方式錯了

如果你有一個堅定的目標，堅持努力了很久都沒有成功，那麼一定是遇到了技巧問題，是思考和行動的方式有誤，不一定是方向錯了。這時不要急於調整方向，先整理一下思路，去尋找更好的技巧，或者看看別人是怎麼做的。再堅持一段時間，也許結果就會大有不同。

㉙能說服別人，並不代表你的思考能力是優秀的

「說服力」是對思考能力的驗證，但並不意味著「說服力」最強的人就最優秀，因為錯誤的觀點也能說服別人，有時正確的觀點反而無人理睬。那些經常主動找你聊天的人，他們很可能會認同你的觀點和思考方式，但你想的未必就是對的，所以，別用「能否說服別人」的標準衡量自己的思考能力。

㉚「獨特」不一定是好事，不要盲目追求與眾不同

與眾不同總是比循規蹈矩更吸引人，人人都嚮往獨特。但是，你也不要為此無視基本常識，這意思是，大眾喜歡正常人，更願意和正常人打交道。極端的思考和行為當然是獨特的，它能迅速吸引人們的注意，但最終也可能會讓你成為「不受歡

迎」的異類。選擇適合你的思考和行為方式，多嘗試、多學習，且多留心他人的真實反應。好的思維是什麼樣的？是獨特、敏捷且正常的。這能讓人們在喜歡你的同時，又覺得你和他們是同一陣營，是同一類人中的佼佼者。

㉛對棘手的問題，要找對思考角度

有些問題確實棘手，但只要找好角度，以正確的姿勢切入，任何資訊複雜、具迷惑性的事物都能被我們找到突破口，抓住關鍵線索。所以如果有個問題非常棘手，讓所有人摸不著頭腦，你也不用灰心，完全可以嘗試其他角度，從不同的環節逐一分析，尋找可利用的線索，找到解開難題的鑰匙。

㉜只有先把問題想透徹，才能把問題講透徹

假如「思考」是一個生物，那它會很喜歡互動，並通過互動把自己的觀點傳播給其他人。先從邏輯上想透一個問題，再通過互動說服他人，並沒有什麼高深的技巧，你需要想明白兩個問題：好處和壞處。無論你的目的是什麼，這一原則都是適用的。你要先想清楚問題邏輯，才能對別人講清楚。

㉝你可以不相信權威的觀點，但一定要學習權威之人的思維優勢

你討厭權威，希望離他們遠一點，但我建議你學習一下權威之人是怎麼思考的。對非權威而言，有些人總喜歡說：「假如你不聽我的，我就把你……」結果沒有人聽他的，他也沒能把別人怎麼樣，相信他的人也越來越少。為什麼會出現這種狀況？因為他壓根兒沒有威懾力。這說明權威不是天生的，一個能產生威懾力的人必然有他的「過人之處」，至少他在思維方面是有自己特點的，比如懂得包裝自己，吸引大眾，這也是一種思維優勢。

㉞不要和不喜歡思考的人在觀點上糾纏

比如，我們千萬不要批評一個喜歡囉唆的人——他們幾乎從不冷靜地思考，只知道反擊別人的質疑，而這會給你招來「更多的囉唆」。記住，「囉唆」意味著從不思考，是比抽菸還要難戒掉的陋習。如果碰到不喜歡思考的人，要嘛趕緊轉移話題，要嘛趁機溜走，別和這樣的人討論問題，也別和他們在觀點上糾纏。

記住，你永遠說服不了一塊堅硬的石頭。

㉟學習用小目標引領你的思考

人人都有夢想，但很多人的夢想都太大，無法去實踐。而且，人們的大夢想毫無意外地保持著一致——人們都以為夢想是可以互相抄襲的。所以別用這種夢想來促進思考，要學習制訂小目標，用小目標引領自己展開階段性的行動，腳踏實地去解決問題。

㊱深度思考＝質疑＋分析＋觀點

沒有質疑，就不會獨立思考，所以必須長久持有你的質疑精神，因為任何缺少反向證明的觀點都存在著邏輯漏洞。沒有分析，就沒有深度思考，只有對事物進行層層解剖，才能得出正確結論。不要盲從權威，也不要迷信常識，要有自己的觀點。面對權威時，先看看自己能不能推翻它，再決定是否接受它。

㊲強化專項訓練，是提升專業領域思考能力的必經之路

即使你沒有豐富的想像力，仍然可以通過專項訓練，成為某一領域的精英。這個世界從來不缺乏「有想法」的人，只缺乏努力鑽研並將某項技能修煉到頂尖的人。在專業能力上，深度思考是高強度的專項訓練。僅僅有個想法是不夠的，抓住

它，把它研究透徹才是得出成果的必經之路。

㊳「好處」和「壞處」是提高人們思考能力的兩大動機

如果一個人說的話對你沒有任何好處（吸引力）可言，你還會相信他嗎？當然不會。這就是人思考和行為的動機：誰能帶給我好處，誰說的就是對的，就能說服我。反過來，人們對事物的「壞處」也保持著高度警惕。權衡利弊，是人的天性，所以，要利用這兩大要素去思考事物，判斷人們的好惡。

㊴放棄上帝視角

人人都有所謂的上帝視角，喜歡當事後諸葛亮。但上帝視角並沒什麼用，因為誰都做不到事前預知，也做不到在過程中干預，只能事後哀嘆。偉大的思想家都不會開啟上帝視角，他們更願意將思考落於實際之處。如果事前想不到，事後再聰明也沒用。

㊵最聰明的人其實也是最愚蠢的

真正的聰明不是自我感覺，而是最後的認可。當一個人覺得自己無所不知時，他就危險了，他其實是最愚蠢的；當一個人自以為世事洞明，他已經被世事欺騙了，肯定要付出巨大的代價。

41 每個人都有自己的角度，要警惕這種角度對思維的侷限

人們真真切切地活在現實中，有狹隘的七情六欲，有各種非理性的情緒，有自私的衝動，並且每天都在採取相對應的行動。每個人都在以自己的角度看世界，並通過不斷搜集資訊來強化自己的認知，對別人、對世界提出要求。這是一個不自覺、不受控制的過程。人們似乎很少注意自己的行為是否客觀，我們要對這種狀態保持警惕，不要將自己的任何想法與要求都視為理所當然。

42 深度思考的「二八法則」

我們在提煉出高價值資訊之後，要以80%的精力分析資訊的內容，再以20%的精力質疑資訊的內容。深度思考不只要做到在思考上有深度，也要求人們能拿出時間來審視自己做過的事情，為自己提出有價值的疑問，這樣我們才能從思考中獲得更大的進步。

43 如何思考未來、機會、方向和創新？

看重未來，放掉過去；看重機會，解決困難；看重方向，放棄盲目；看重創新，保證安全。只有著眼於對未來、機會、方向和創新的思考，才能讓我們不斷向前進。

44 管理者要多關注重大問題，不要考慮小事

越是優秀的管理者，他們就越不會做太多事情，也不會將決策權力都握在自己手中。人的精力是有限的，再聰明的人也不可能面面俱到，只要把握好大方向，做好重大決策就可以了。至於小事，要善於授權給下屬解決。

45 如何透過現象看本質？

要在「第一時間」看到問題的本質，不給其他資訊和思緒雜念發揮「毒性」的機會；要懂得篩選資訊，抽離出核心要素，勿被那些紛雜的表象所迷惑。只有擅長關注問題本質的人，才能對世界有深刻的思考，成為一個清醒的人。

㊻所有的想法都離不開行動，沒有行動，思考便毫無意義

行動力是實行計畫必須重視的，是任何美妙的思考得以驗證的工具，否則一切創新都是空談，再深的思考也毫無意義。因為不管多麼偉大的創意都需要用行動來實現，沒有行動，就等於什麼都沒有改變。

㊼在兩點之間行走，走直線未必就是花費時間最短的

你可以從A看到B，也能從A想到B，但不一定能夠從A走到B。在兩點之間行走，走直線未必是花費時間最短的。如果兩點之間充滿了障礙，選擇一條暢通無阻的曲線才是你和目標之間花費時間最短的距離。這對思考的啟示是：考慮起點和目標之間的障礙，以及如何用最短的時間繞開障礙。

㊽一定要走出房間看問題

記住，辦公室是頭腦的籠子，是思維的監牢。不要躲在辦公桌後面看問題，不要拉著窗簾空想，要多站起來走幾步，最好走出辦公室，去一個能讓你實踐的環境，接觸第一手資訊，那裡總有你意想不到的收穫。

㊾要為自己的思考買單

做出了決定，就不要後悔；既然決定抓墨魚，就不要害怕被墨魚汁噴到眼睛。每個人都要為自己的思考買單，不要後悔自己做出的選擇，因為後悔是最無用的東西，它不能改變過去，甚至還會令你對未來悲觀，浪費你寶貴的時間。也就是，你想到的、做到的，是你要為之負責的。

㊿別寄望瞻前顧後的人

不要對瞻前顧後的人委以大任，也別對他們寄予厚望。一是在利益面前他們未必是可信的；二是在決策和行動時他們總會猶豫不決，拖累整個團隊。你不可能從一個瞻前顧後的人身上等到你最想要的答案。

(51)任何時候，都不要痛恨你的敵人

生氣就是拿別人的錯誤來懲罰自己，而且會讓你變得和犯錯的人一樣愚蠢。美國電影「教父」中有句話很有道理：「不要痛恨你的敵人，這會讓你喪失判斷力。」仇恨能沖昏人的頭腦，使人做出不理智的事情，又浪費時間，耽誤其他更重要的事。

㊿② 多進行多角度思考

多角度思考就是參考不同人的立場，分析事物不同角度傳達出來的訊息。儘管我們最終只能持有一種立場，但這並不妨礙我們進行多角度的思考，盡可能參照其他意見，分析不同角度的資訊。很多人並非想不出好主意，他們只是被思考行為本身給嚇住了，不敢越雷池半步，也不敢跳出現有的路線；他們只有一個角度，頭腦是僵化的，看不到事物發展的其他可能性。

53 做到時刻反省，調整錯誤的思維

喜歡抱怨的人都有相同的特點：他們從不反省自身的愚蠢，只盯著別人的錯誤，並要求環境來適應他。因此我們要養成時刻反省的好習慣，特別是在晚上和早晨，各留出十分鐘，用來自我批評——錯的、對的、延誤的都可以拿出來重新思考，調整思路。這樣做是為了下一次能夠做得更好，降低重複犯錯的可能。

54 在沒人反對之前，不要輕易做重大決策

聽一聽反對意見很有好處。如果沒有不同的意見出現，那我們思考的目的又是什麼呢？思考不是為了造就一言堂，也不是想到什麼就做什麼，而是為了做出正確

的判斷。所以，在沒有人反對你之前，最好不要輕易做任何決策。就算是為了逼迫自己想出更好的方案，也要給自己找一個對手，聽一聽他的想法。

55 不是所有的成功和失敗都有原因

成功的人一定是掌握了正確的方法嗎？未必，他們可能完全靠運氣。同樣，失敗了就一定存在某種致命的原因嗎？也未必，他們可能輸給了隨機性。所以與其糾結原因，不如平心靜氣接受結果。我的忠告就是，多想想下次該怎麼做，少糾結於上次為什麼沒做好。

56 多關注答案的問題，而不是問題的答案

贏家總是會關注答案中還有哪些問題，輸家卻經常關注問題的答案。你的關注點在哪裡，思維就停留在哪個層次。前者可以讓你盡善盡美，擁有洞察根本的思考能力；後者只能讓你囫圇吞棗地接受現成答案，不能創新地思考問題。

57 閉上眼睛，用「心」去看世界

這個世界，只用眼睛看是看不懂的，因為你看到、聽到的再多，也僅是接收到

形形色色的資訊。有時候，要學會閉上眼，用「心」去看，慢慢思考，深入分析，只有這樣，才能把一件事情想透徹、想長遠。

58 結交太多「同道中人」不一定是好事

「同道中人」並不是個好詞，這說明沒人從根本上反對你，你也不反對別人，所有人都跟你站在同一邊，或你們固守在同一個立場上，這不是一件好事。「互相支持」最容易蒙蔽人的眼睛，使人麻痹大意，不再思考。就像坐在船上，要學會左右平衡，而不是傾於一邊，這樣才能保持船的穩定。

59 避免自戀和專橫

比如，「我這人就這樣」並不能增加你的可信度，也不能說服別人，反而會招致「自戀」和「專橫」的評價。事實證明，經常說這句話的人普遍自以為是，表現出來的是思考的淺薄。這種人在思考問題時總有一種唯心主義的傾向，難以聽從別人的建議，但自己的見解也沒什麼深度。

60 不要炫耀自己的正確，也不要掩飾自己的錯誤

不要在眾人面前炫耀你做對了什麼，也不要掩飾你做錯了什麼。前者展示了你的輕浮，後者顯示了你的自卑。你想的、做的無論是對是錯，都要從容淡定面對，拿得起也要放得下，保持平和的心態。

61 方向永遠比速度更重要

並不是跑得快就能證明你的能力強，事實是，跑得越快的人，栽跟頭的可能性也越大。要多抬頭看路，不要跑偏了方向。思考的效率既表現在速度，也表現在方向，一定要在保證方向正確的基礎上，再加快你前進的速度。

62 在徹底了解真相之前，一切的事前定論都是假的

充分了解事件的真相之前，你以為自己很有觀點、很有立場，其實不過是為自己的某種情緒站台而已。真相往往隱藏在複雜表象的最下面，露出很多真假難辨的假象。遺憾的是，99%的人都寧願相信假象，也不願面對真相。想想看，這個社會的許多人不都是這樣的嗎？我們在網際網路上經常會看到這樣的現象，他們從不相信真相，只相信基於自己立場的推論。

❻❸注意區分理智和情感，這是人們最容易犯的錯誤

要用理智解決問題，不要讓情感因素混雜其中，否則問題到最後會變成一灘稀泥，而且是你自己親手和成的。思考問題時要把理智和情感分開，做一個理性思考的人，而不是經常被情感掌控大腦的人。

❻❹和思考能力強的人一起做事，並把他們組織起來

所有不平凡的事情，都是由一群平凡的人和幾個不平凡的想法完成的，這是我們鼓勵集體思考的目的。集體思考不同於群體思考，集體思考是把一群有不平凡想法的平凡人組合起來，建立成一個優秀的團隊，共同去做非常不平凡的事。你要爭取讓自己成為這些優秀人才的領導者，引導並開發他們的智慧，實現偉大的目標。

❻❺一定要養成問問題的好習慣

學習提問，不斷提出新的問題，然後再去尋找答案，並且對比各類問題的答案，進行分析，這是訓練思維能力的必經之路。要向任何人提出問題，勇於上問，也要不恥下問，世界上所有的智慧都藏在問號中。如果你的大腦中全是句號，沒有

問號，那麼你的思維能力也就退化了。

66 深入的思考才是最可靠的

資訊對聽覺和視覺有天生的欺騙性，所以別太輕易相信那些你從街頭巷尾、辨公室的甲乙丙丁那裡聽來的消息；我們的視覺常常會出現差錯，親眼看到的也未必可靠。所以，如果有必要，深究下去，深入地思考，執著地挖掘，反覆論證，一定能形成最接近真相的判斷。

67 記憶對思考很重要，但如何提高記憶力？

記憶是思考的基礎，因為記憶能力的好壞決定了資訊儲備的厚薄，也決定了我們思考的效率。記憶力是可以訓練與培養的。抽出一些時間，有意識、有計畫地學習加強記憶力的方法，比如，經常背誦一些資料，複習一些書籍，都有助於記憶力的提高。

68 偉大的思考從來都是出類拔萃的「個人行為」

從眾的思考是不能創造出偉大思想的。就像寫下《烏合之眾》的古斯塔夫・勒龐說的「個人在群體影響下，思想和感覺中的道德約束與禮貌突然消失，原始衝動、幼稚行為和犯罪傾向突然爆發」一樣，多數偉大的思考都是出類拔萃的「個人行為」，與群體思考保持著足夠的距離。如果你總是從眾，跟著群體的思維走，獨立思考的能力便會慢慢消失。

❻❾小心暗示對思維的影響

暗示是一種具有極強傳染性的力量，暗示是靈感的開關，運用得當，就會收到出人意料的效果。反之，負面的效果也同樣驚人，你會被牽著鼻子走。所以要謹慎對待潛意識的暗示，也要小心防範環境對你的暗示，因為你不知道它將引領你走向何方。

❼⓿在商家的宣傳手段前持清醒五分鐘

商家最慣用的手段是：斷言、重複和渲染。你若不能保持頭腦清醒，最受傷的就是自己的錢包。當你站在商家的宣傳海報前，別急著進店，也別忙於挑選和付錢，先拿出五分鐘做別的事情，轉移一下注意力。有調查顯示，五分鐘後，超過46％的人都改變了主意，意識到這並不是自己想要的。

⑦①要堅定地行動

一旦在慎重的思考後做出了決定，就不要猶豫不決、左右搖擺，要堅定地採取行動。「敢想敢做」不是莽撞，也不是「想一出是一出」，而是經過深思熟慮後，用行動去實踐自己想法的行為，這與「感性的衝動」有本質的區別。

⑦②做了決定，就不要在乎別人說什麼，也不要猶豫不決

你是實踐家嗎？實踐家從來不在乎別人說什麼，當機會來臨時，他們不會遲疑，更不會猶豫，而是力排眾議，立刻踩下行動的油門。許多有智慧的人之所以做不成事情，不是他們想不到，而是他們的耳根子太軟，太在乎別人的看法。他們是思想的巨人，行動的侏儒。

⑦③「懶惰」是淺思考的根源

懶惰是摧毀人們思考能力的癌症，是讓人變得遲鈍和淺薄的根源，也是「淺思考」的子宮。一個缺乏進取心且長期消極麻木的人，即使用最好吃的糖果引誘他，他也無動於衷。而且，懶惰就像一顆不停止生長的種子，一旦在大腦中種下，就很

難徹底根除。因此想要擺脫「淺思考」，就得讓大腦勤快起來，思考能力是練出來的，不是養出來的。

❼❹學會縱向的深度思考

實現深度思考的核心原則不是堅持，而是深入。堅持是橫向的，是一種時間概念；深入卻是縱向的，表現出來的是效果。當你對一個領域已經很熟悉時，就要開始縮小思考的範圍，專注研究某一小塊的知識，實現「更少和更好」。思考範圍的擴大意味著你要掌握的知識面也要成倍地擴大，只有當你縮小研究範圍，專攻某一個領域，這種縱向的鑽研才更容易取得突破。

❼❺你自認為的「理性」並不一定就是理性

理性不是由我們自己定義的，正確的決策和判斷也並不完全建立在嚴密的數學和邏輯基礎上，人的情感、理念和以往的經驗都會起到作用，有時甚至具有隨機性的特點。所以，你做出的慎重選擇也許並非基於理性的思考，而是出於自我心理感覺對於「舒適」的需求——做了這個選擇讓你感覺很好，僅此而已。很多時候我們都是這樣的，自認為客觀理性，事後才回味過來並非如此。

⑯如何消除「選擇性知覺」？

人的思維中存在一種「選擇性知覺」，其最典型的表現是：先下定義後看見，而不是先看見再下定義。我們對待任何事物都有一個自有的預設立場，很難消除。狹隘與偏見隨處可見，但怎麼才能防止它們作怪呢？要努力形成一個習慣：別先下結論，想想再說！並且，不要在這方面犯過多的錯誤。

⑰如何減小思維定式與月暈效應的副作用？

如果一個女性聰明、漂亮、溫柔，對人也大方，那你八成會覺得她做飯也很不錯。如果一件事情很順利，你就會覺得另一件事可能也會很順利，並積極地看待與這件事相關的所有問題，這就是思維定式和月暈效應在作怪。毫無疑問，殘酷的現實經常讓這種美好期望落空，所以，別讓一個事物的順利與否影響我們對另一個事物的判斷，而是要學會把它們分開來進行獨立分析。

⑱集中力量，進行重點思考

遇到大事時，不要分散注意力，要先想清楚主要目標是什麼，然後再重點攻克。但如何給思考畫定一個重點呢？原則是：不懂的，畫上；有道理的，畫上；新鮮的，畫上。對於其餘不重要且容易令人分神的問題，暫時拋到一邊。

⑲在思考「能不能」之前，先想一下「應不應該」

有些事完全能做到，但不應該做；有些事自己可以做，但現在不是時候。在考慮一些問題、準備做出決策時，要優先思考「應不應該」，然後再思考「能不能」，這樣既能節省精力、節約時間，也可避免犯下錯誤。

⑳無論「沉沒成本」有多大，都要捨得放棄

我們在做一個至關重要的決策時，不僅需要篩選當前資訊，還應篩選過去的資訊，將有可能產生負面影響的資訊隔絕在大腦之外，只比較「下一步行為」需要的成本和未來的回報。對於已經投入、不可能再回收的成本，要果斷放棄，不要讓它影響自己當前的思考和決策。

㉑學習用思維導圖幫助決策

將資訊整理之後，將其從大腦的抽象狀態轉變成圖表和文字，使其成為一張一

目瞭然的思維導圖，將資訊視覺化和條理化。這麼做的目的是將資訊通過圖表的方式展示，用文字標記，方便我們能直觀地理解訊息所要表達的內容，提高思考效率和決策的準確性。

❽❷沒有執行力的思考毫無意義

思考問題的方法很重要，但好的思考一定是可執行的，好的創意則需要「強執行力」。沒有執行或不能執行的思考，等於水中望月，毫無意義。

這要求你必須善於在思考和行動之間建立一個路徑，將想法和行動結合起來，既要敢想，也要敢做。

❽❸安排「定期放空」的時間

當你感到勞累或靈感枯竭時，讓大腦停止對某個問題的思考，轉移注意力，這就是放空。比如放下手頭的工作，開車去郊外，爬山或者游泳。要為自己制訂一份「定期放空」的計畫，使大腦有規律地調節，保證思考的品質。

84 如何高效率地整理資訊？

如何把記錄下來的資訊用於知識生產，清明思考？你可以將各種資料記錄在一個特定的筆記本或文件中，用於再次閱讀、加工，以及重新組合。整理的原則是：①一元化。必須確定記錄起來很輕鬆，找起來安心，堅持下去也不費力。②時序化。按時間順序記錄，易於分類。③可檢索化。設定檢索的標準，比如「索引」，讓查找資訊簡單快速。

85 形成有效率的框架思維

我們學到的很多東西都具有內在的聯繫，因此我們要通過歸納、總結，梳理出資訊的結構，從一個整體和系統的角度看待問題，進行理性的思考。

比如我們經常在書中讀到相似的內容，即便它們屬於不同類型的書籍；不同行業的知識和資訊也有這個特點，它們構成了資訊的海洋，使你每天被包圍在各種各樣的知識中。如果你沒有一個框架，這些東西就是散落在腦海裡的浮萍，遇到問題時你只能隨機地「撈出」幾點，派不上用場。因此，要使學到的知識和搜集到的資訊發揮作用，就得形成一個有效率的思維框架，也就是你的知識結構和思維模型，然後讓這些資訊各歸其位。

86 懂得精確歸類

在生活和工作中，我們會從公司、圖書、朋友、培訓課程中獲得各式各樣的資訊和思維模式，它們有的是自然產生的，有的是學來的，如果不將其進行精確的歸類，大腦中的知識便會處於一種混亂和游離的狀態，影響我們思考的深度和使用這些知識的速度。歸類是為了讓思維框架更豐富，獲得清晰的結構，這樣才可以把知識模組化，為思考和決策提供便捷之路。

87 懂得適時跳出框架

擁有更多解決問題的框架固然是我們所追求的，但也要避免教條主義，警惕不要被這些框架束縛。有時人們會根據以往的經驗，在一個較低層面去糾結、尋找解決問題的方法，甚至鑽牛角尖，只有跳出這個層面，站到更高處，才能獲得更寬廣的視角。這就是創新公司喜歡招收年輕人的原因，剛畢業的大學生往往比工作多年的老手更有創造力，因為他們的思維中未形成牢固的框架，可塑性較強。所以我們要做思維框架的主人，而不是它的奴隸。

⑱從三個詞出發進行思考

思考一個問題時，先從需求的角度——Why的層面考慮，想一想「為什麼」；然後從方案的角度——How的層面考慮，想一想「怎麼做」；最後再從工具的角度——What的層面考慮，想一想「用什麼做」。把握好這三個層面，就可以實現從思考到結果的演化。

⑲界定問題的邊界

畫線是為了界定邊界。一個複雜的問題通常會涉及內部、外部、環境三個因素，三者中間是有邊界的，你必須考慮到不同的情境中三個因素的邊界在哪裡，它們的關係如何、比重如何分配，然後具體問題具體分析。畫好邊界後，從三個角度分別思考，有助於將問題考慮得更全面。

⑳如果反饋不符合預期怎麼辦？

反饋其實是從思考到行動的閉環結構。反饋為我們提供了兩種結果：①問題解決；②與預期相差很大。如果出現第二種結果，原因通常有三方面：①沒有找對關鍵點，應該返回重新思考關鍵問題；②計畫有誤，應該返回重新制訂計畫；③執行有誤，應該檢查執行環節，加強執行力度。反饋可以幫助我們優化方案，特別是在不符合預期時，它能指出問題，引導我們檢查已完成的步驟。

91 連續問 n 個「為什麼」

遇到一個難題時，要有問「為什麼」的能力。連續問 n 個「為什麼」，並根據答案繼續提問，抽絲剝繭，直達問題的本質。假如你是廣告設計師，在一項工作中就要學會這樣提問：為什麼廣告效果不好？因為點擊率差。為什麼點擊率差？因為廣告圖不夠吸引人。為什麼廣告圖不夠吸引人？因為素材不夠好。為什麼素材不夠好？因為缺少流行元素。為什麼缺少流行元素？因為缺少相應的市場調查，沒有總結出同類型商品的市場規律。一般經過連續的追問，你總能找到問題真正的答案，並想到解決方法。

92 擁有整合思維

整合是針對資訊，也是針對不同觀點。擁有整合思維之後，你的思考就能像吸水的海綿一樣，將外部資訊全部吸收進來，然後你需要進行整合挑選，重組分析，留下有用和高價值的資訊。思考能力強的人都善於從外部資訊中整合並提煉出對自己有幫助的東西，補充自己的觀點。

❾❸用優化思維指導行動

優化思維是深度思維的加速器，它可以讓你不斷思索有沒有更好的方案。比如，上司交給你一項任務，你做完了之後對自己的工作過程進行回顧總結：我跟客戶的交流是否有問題？和同事的配合是否有默契？自己對業務是否熟悉？然後對不足的地方進行優化和改進，讓下一次比這一次做得更好。每一次微小的優化，都是一次難得的進步。

❾❹聚焦於自己的特長

聚焦，就是將精力聚集在自己最擅長的一點上，把它強化到極致。比如在工作中，真正讓你脫穎而出的往往是你的特長，而不是看似面面俱到卻無一精通的工作水準。管理學家彼得．杜拉克也提出，從無能到平庸，要比從一流到卓越難得多，這是因為卓越需要的只是你在某一領域達到精通，擁有別人不具備的特長。你應該少把精力浪費在那些自己不能勝任的地方，而將大部分智慧拿出來打造自己的閃光點。

95 不要忽略任何一個不起眼的細節

許多大事就毀在一個小細節上，疏忽了一個不起眼的小環節，就可能會做出錯誤的決策。美國氣象學家愛德華・羅倫茲總結出了蝴蝶效應：「一隻南美洲亞馬遜河流域熱帶雨林中的蝴蝶，偶爾扇動幾下翅膀，可以在一個月後引起美國德州的一場龍捲風。」將蝴蝶效應應用在思考上，就是指一個微小的變化可能影響到全體的發展。這要求我們在想問題時不能隨意忽略資訊，要認真對待每一個細節。

96 聽完了、想好了再開口表達

在思考之前，傾聽要比說話更重要。心理學家斯坦納說：「在一個場所，一個人說得越多，他聽到的就越少。」聽到的少了，用來參考的訊息就會更少。一個人表達自己的觀點很容易，專心聽別人的觀點卻很難。只有聽完了、想好了，才能完整表達自己的想法。

97 克制欲望，保持良好的心態

人的欲望少，不良情緒也少，思考才能冷靜。所以遇事應不急不躁，該有主見的時候果斷表達立場，不該表態的時候就要保持安靜。我們還要放得下身段，保持學習的熱情和動力，使自己每天都在進步。不能以期待他人的讚美為動機，要有思想、有理想，還要有理性。

❾❽面對面交流，了解第一手資訊

這一路徑的要求是，減少了解資訊的中間環節。比如和人見面溝通的最終目的不是看他有多帥，而是了解他的困惑，對自己有什麼要求，對未來有什麼預測。通過他人了解第一手資訊的前提條件是建立互相信賴的關係，如果你總是隔著電話線、網路與對方溝通，看不到他的表情，也看不出他是怎麼想的，那就了解不到真實的第一手資訊。因此，應盡可能地與人直接會面，當面交流。

❾❾不要使事情複雜化

這是奧卡姆剃刀原理的核心宗旨，即在兩個類似的解決方案中選擇最簡單的那個，盡量減少多餘的部分。要始終以結果為導向，追求高效簡潔的思維方式。能以較少的成本去解決的事，就沒必要用較多的成本去解決。

100 對任何人事物都要動態思考

人和事物都是變化的，思考也應該是動態的，不應該靜態地抱著老觀點不放。我們要根據不斷變化的環境、條件來改變自己的思維方向和思考方式，對自己的觀點進行調整，以適應人和事物的變化。

動態思考的模式為：搜集新的資料——制訂新的方案——執行方案並獲得反饋——調整新方案。經歷一系列的動態調整後，我們的思考與正確結論的差距就會不斷縮小，對客觀的人事物的了解就能加深，決策也將更為有效。

國家圖書館出版品預行編目資料

哈佛大學商管博士獨創「六步深度思考養成法」／蕭亮 著
初版—台北市：春光出版：家庭傳媒城邦分公司發行；民109.03
面； 公分. --
ISBN 978-957-9439-90-9（平裝）
1.思考 2.成功法
176.4 109002017

哈佛大學商管博士獨創「六步深度思考養成法」

作　　者／蕭亮
企畫選書人／王雪莉
責任編輯／李曉芳

版權行政暨數位業務專員／陳玉鈴
資深版權專員／許儀盈
行銷企畫／陳姿億
行銷業務經理／李振東
副總編輯／王雪莉
發 行 人／何飛鵬
法律顧問／元禾法律事務所 王子文律師
出　　版／春光出版
台北市104中山區民生東路二段141號8樓
電話：(02) 2500-7008 傳真：(02) 2502-7676
部落格：http://stareast.pixnet.net/blog E-mail：stareast_service@cite.com.tw
發　　行／英屬蓋曼群島商家庭傳媒股份有限公司城邦分公司
台北市中山區民生東路二段141號11樓
書虫客服服務專線：(02) 2500-7718 / (02) 2500-7719
24小時傳真服務：(02) 2500-1990 / (02) 2500-1991
服務時間：週一至週五上午9:30～12:00，下午13:30～17:00
郵撥帳號：19863813 戶名：書虫股份有限公司
讀者服務信箱E-mail: service@readingclub.com.tw
歡迎光臨城邦讀書花園 網址：www.cite.com.tw
香港發行所／城邦（香港）出版集團有限公司
香港灣仔駱克道193號東超商業中心1樓
電話：(852) 2508-6231 傳真：(852) 2578-9337
E-mail : hkcite@biznetvigator.com
馬新發行所／城邦（馬新）出版集團 Cite(M)Sdn. Bhd
41, Jalan Radin Anum, Bandar Baru Sri Petaling,
57000 Kuala Lumpur, Malaysia.
Tel: (603) 90578822 Fax:(603) 90576622 E-mail:cite@cite.com.my

封面設計／周家瑤
內頁排版／極翔企業有限公司
印　　刷／高典印刷有限公司

■ 2020年（民109）3月5日初版
■ 2021年（民110）4月6日初版1.8刷
Printed in Taiwan

售價／350元

城邦讀書花園
www.cite.com.tw

原簡體中文版：深度思考：透過表面看本質的六步思考法 蕭亮著

廣　告　回　函
北區郵政管理登記證
台北廣字第000791號
郵資已付，免貼郵票

104 台北市民生東路二段 141 號 11 樓

英屬蓋曼群島商家庭傳媒股份有限公司

城邦分公司

請沿虛線對折，謝謝！

愛情．生活．心靈
閱讀春光，生命從此神采飛揚

春光出版

書號： OS2019　　**書名**：哈佛大學商管博士獨創「六步深度思考養成法」

請於此處用膠水黏貼

讀者回函卡

謝您購買我們出版的書籍！請費心填寫此回函卡，我們將不定期寄上城邦集最新的出版訊息。

姓名：______________________________

性別：☐男　☐女

生日：西元__________年__________月__________日

地址：______________________________

聯絡電話：__________________ 傳真：__________________

E-mail：______________________________

職業：☐ 1. 學生 ☐ 2. 軍公教 ☐ 3. 服務 ☐ 4. 金融 ☐ 5. 製造 ☐ 6. 資訊

☐ 7. 傳播 ☐ 8. 自由業 ☐ 9. 農漁牧 ☐ 10. 家管 ☐ 11. 退休

☐ 12. 其他 ______________________________

您從何種方式得知本書消息？

☐ 1. 書店 ☐ 2. 網路 ☐ 3. 報紙 ☐ 4. 雜誌 ☐ 5. 廣播 ☐ 6. 電視

☐ 7. 親友推薦 ☐ 8. 其他 ______________________________

您通常以何種方式購書？

☐ 1. 書店 ☐ 2. 網路 ☐ 3. 傳真訂購 ☐ 4. 郵局劃撥 ☐ 5. 其他 ______

您喜歡閱讀哪些類別的書籍？

☐ 1. 財經商業 ☐ 2. 自然科學 ☐ 3. 歷史 ☐ 4. 法律 ☐ 5. 文學

☐ 6. 休閒旅遊 ☐ 7. 小說 ☐ 8. 人物傳記 ☐ 9. 生活、勵志

☐ 10. 其他 ______________________________

請於此處用膠水黏貼